鎌倉のカフェ
ヴィヴモン ディモンシュの30年

カフェ ヴィヴモン ディモンシュ 編

昨年、ベンチとテントをランドスケープ プロダクツにお願いして新調しました⓽。

左から鈴木蓮君、春日偉宏君、松本風優ちゃん。あと写真に写ってはいま せんが、澤田萌ちゃん。いつも支えられています。ありがとうね⓽⓬。

この花火は25周年のときの記念に、鎌倉の 花火大会で打ち上げたもの。今年は30周 年なので、また打ち上げたいと思います！

はじめに。

　お店をオープンして今年で30年が経ちました。30年やっていれば当たり前ですが、いろいろなことがありました。昔はよそのお店が気になったり、たくさんのことを気にしていましたが、今は淡々としています。冷めているわけではなく、シンプルに仕事に向き合い、おごりも慢心もなく、仕事に関することの勉強は怠らず、体調管理をしっかりして、来てくださったお客さんに良い時間をすごしてもらうことに注力しています。もっと若いときからこの境地に立てていたら楽だったのになぁと思いますが、昔は昔で右往左往しながらも頑張っていたので、あれはあれで良しとします。痛い目にあったり、たくさんのピンチや反省を経て30年。良いときも悪いときも夫婦で歩んできました。ここまで続けてこれたのは、ディモンシュが入居しているビルの立ち退きや、建て壊しがなかったことなどの運の良さもあると思いますが、今まで働いてきてくれたスタッフ、力を貸してくれた家族、先輩や友人たち、取引先の方々、そして何よりディモンシュを利用してくださるお客さんがいてくれたからで、心より感謝いたします。

　この本は、30周年にあたり、これまでのことを一部ではありますが、夫婦で記録したものです。今までずっと止まらず前を向いてきたので、ここまで振り返った今回のことは、自分たちにとっても自信になり、また頑張ろうと思えるきっかけにもなりました。まだまだ後進に道を譲る気はありません。先のことはわかりませんが、この仕事が大好きなので、長く元気で営業できるよう心身ともにととのえ、頑張っていきたいと思います。

　30周年にあたり、今までのことを記録する機会に恵まれたことに感謝いたします。ありがとうございました。

30周年 新緑の季節に

カフェ ヴィヴモン ディモンシュ
堀内隆志、堀内千佳

Contents

[本書をお読みになる前に]

＊本書の内容は2024年4月末現在のものです。
　商品の内容などは変更になる可能性があります。

＊レシピ中の小さじは5mlです。

＊レシピ中の火加減は中火、油はサラダ油を表します。
　卵はLサイズです。

＊文末の©マークは堀内千佳を、
　Ⓣは堀内隆志を表しています。

Staff

制作委員会　赤澤かおり
　　　　　　川畑あずさ
　　　　　　関めぐみ
　　　　　　土屋美和子
　　　　　　長野陽一
　　　　　　堀内隆志
　　　　　　堀内千佳

校正　麦秋アートセンター

DTP　G-clef

コーヒーの抽出の仕方。

中煎り

[材料]（2杯分・出来上がり290㎖）
中煎り コーヒー豆（中挽き）…23g
湯（90℃）…345g

[準備する道具]
台形 スリーフォードリッパー101
ペーパー
サーバー
ドリップポット
デジタルスケール

1. ドリッパーにペーパーをセットし、ペーパーに湯（分量外）をかける（リンス）。
2. サーバーに落ちた湯を捨て、挽いたコーヒーをドリッパーに入れ、表面を平らにする。
3. デジタルスケールをオンにして、粉の表面を全体的になでるように湯を45g注ぎ、タイマースタート。50秒蒸らす。
4. 湯を中心から外側に向けて円を描くように広げながら100g注ぐ。
5. 30秒後に100gの湯を同じように注ぐ。
6. さらに30秒後に50gの湯を注ぎ、同じように30秒後にまた50gの湯を注ぐ。
7. 合計で345gの湯を注ぎ、トータルタイム*が3分10秒くらいになったらドリッパーをはずす。

中深煎り

[材料]（2杯分・出来上がり290㎖）
中深煎り コーヒー豆（中挽き）…23g
湯（90℃）…345g

[準備する道具]
KONO 円錐ドリッパー 2人用
ペーパー
サーバー
ドリップポット
デジタルスケール

1. ドリッパーにペーパーをセットし、ペーパーに湯（分量外）をかける（リンス）。
2. サーバーに落ちた湯を捨て、挽いたコーヒーをドリッパーに入れ、表面を平らにする。
3. デジタルスケールをオンにして、粉の表面を全体的になでるように湯を45g注ぎ、タイマースタート。50秒蒸らす。
4. 湯を中心から外側に向けて円を描くように広げながら、100g注ぐ。
5. 30秒後に100gの湯を同じように注ぐ。同じように30秒後にまた100gの湯を注ぐ。
6. 合計で345gの湯を注ぎ、トータルタイムが2分45秒くらいになったらドリッパーをはずす。

＊トータルタイムとはタイマーをスタートしてからの合計の時間を指します。

コーヒーのこと。

　今から30年前の1994年、パリのカフェに憧れてお店をはじめました。場をつくりたい一心で気持ちが動いていたので、コーヒーについてはまったくの素人同然でした。開店準備をしていたときにコーヒーの本やその当時お世話になったコーヒー屋さんに話を聞いて独学でKONO式の円錐形ドリッパーを使ってコーヒーを淹れていた毎日。94年といえばスターバックスが日本に本格的に入って来る前のことで、コーヒーよりも紅茶のほうが人気があって、今よりもコーヒーの情報が少なかった時代でした。

右往左往している頼りない新米マスターを見かねて僕の喫茶人生に於いて欠かすことのできない3人の伯父さんたち（永井宏さん、岡本仁さん、沼田元氣さん）は、日本全国のコーヒーのおいしいお店や居心地のいい喫茶店を教えてくれました。休みになるとそれを頼りにおいしいコーヒーを求め、出かけていたものです。

　90年代も後半に入ろうとしたときにお客さんからお土産でいただいた札幌の斎藤珈琲のソフトミックスというモカのブレンドをひと口飲んだときに雷

に打たれたような衝撃を受けました。香りよく、甘くふくよかでスルスル飲めるのにコクがある中深煎りで、初めて飲んだのに懐かしい感じもし、体中からおいしいという細胞が開くような不思議な感覚でした。今につながる自分のなかでのおいしい基準値の柱ができた瞬間です。それから札幌の斎藤珈琲に何度も通ってディモンシュに卸してもらえる許可をいただき、今でも自分が焙煎したコーヒーとともに提供しています。

2010年から焙煎をするようになって、焙煎度合いも中煎り、中深煎り、深煎りとレンジは広がりましたが、自分の考える基本的なコーヒーのおいしさのベースとなる部分はブレていません。3人の伯父さんたちにも焙煎したコーヒーを飲んでもらえました。この30年間、毎日何度もコーヒーを淹れながら、もっとおいしくしていくにはどうしたらいいのかを常に考え続けています。生豆の買い付け、焙煎、コーヒーミル、抽出器具、ドリップの方法、水、カップに至るまで、それはすべて飲んでいただくお客さんに喜んでもらうために🅣。

カウンターの中はいつも
こんな感じ。コーヒーを
淹れる僕の角度はだいた
いこんなふうにコーヒー
を覗き込むようになって
いるみたいです。

塗装がずいぶんとはげて年季を感じる
ポットは、新潟県燕市で作られている
タカヒロドリップポット雫0.9ℓ。お
店でコーヒーを抽出する際に長年愛用
している道具です。

オリジナルロットのコーヒー豆はディモンシュ用と
して、こんなスペシャルな袋に入ってやってきます。

お店で。

金曜日から火曜日までの5日間、余程のことがない限り、カウンターに立ち、コーヒーを淹れてきました。

お店では、中煎りの豆はスリーフォー、中深煎りはKONO、深煎りにはネルを使用し、ミルも焙煎の具合によって替えています。お湯の温度も然りで、ここ数年は水にも力を入れています。水による味わいの変化は大きく、まだまだそこを突き詰めている最中。コーヒーを淹れるための材料、道具はこうして焙煎の具合によって細やかに使い分けしています。自分で焙煎をするようになり、この加減は年々細かくなっていっていると思います。ときには7〜8個ドリッパーが並ぶこともありますが、注文に合わせてひとつずつすべての湯の温度、湯を落とすタイミング、速さ、使う道具など瞬時に分け、淹れていきます。以前は今のようにスムーズではなかった

こともあったけれど、日々の積み重ねからか、今では勝手に頭も手も動くようになりました。ハンドドリップは、五感を研ぎ澄ませて抽出しています。それこそ身を削って行っている作業なので仕事後の疲労感が半端ありません。それでも続けているのは納得のいく一杯を提供していきたいからです。

「コーヒーを淹れているとき何を考えていますか？」たまにこんな質問をされることがありますが、あらためて訊かれて考えてみるとほぼ無に近い状態です。豆の様子やお湯を落としたときの感じ、香りに全神経を傾けているから、何かを考えることなんてできないのかもしれません。30秒に1回くらいは店内の様子を見ていますが、その辺のことはスタッフが細やかにやってくれているので、僕はひたすらコーヒーに集中しています🅣。

家でも。

　一日中店でコーヒーを淹れていますが、家でもコーヒーを淹れますし、飲みます。友人の家に行ってもコーヒーを淹れます。自分自身の好奇心から休みの日は家であれこれコーヒーの道具を試すようにもしています。

　最近では、2022年のオーストラリアの展示会で発表され話題になったParagonという新しいブリューイングデバイスを試しています。これは、Chilling Rockと呼ばれるステンレスの球にチタンコーティングしたものを冷凍庫で冷やし、その球を通して、コーヒーを抽出する方法で、個人的におもしろかったものです。この金の球の効果は何かというと、抽出の初めの30%の湯をこの球に当てることで香り成分が揮発せずに残るというものです。

　もうひとつ興味深かったのはVariaのVS3というミル。コンパクトな見た目のわりに10も挽き目ダイヤルがあり、細やかな設定を楽しめるのがいいところ。キッチンに置いても場所を取らないし、シンプルでスタイリッシュなデザインは置く場所を選ばないのも気に入っています。これでいろいろな粒度に豆を挽いては自分が焙煎した豆やいただいたコーヒーを味わい、千佳ちゃんやたまにやってくる友人たちに意見をもらったりしています。

　とはいえ、休みの日の家での時間。あくまでもリラックスして、コーヒーを淹れる時間も味わうひとときも楽しみながらやっています🅣。

コーヒーを淹れるときは必ず豆を計量します。奥にあるのが、Variaのミル（上・中）。シャープなデザインはちょっと建築っぽい感じもします。冷凍庫に入れておいた金の球を出しての実験は、友人の驚く顔も楽しいコーヒーを淹れるひととき。家時間もこんな感じにコーヒーを楽しんでいます。

焙煎のこと。

　店をはじめた頃から、遠い将来には焙煎をやってみたいとは思っていました。1995年、京都の喫茶店巡りをしていたときに、六曜社 地下店の奥野修マスターに「焙煎はやらないんですか？」と訊かれ、「いつか」はやらないといけないなと思ったのが、そもそものはじまりでした。その数年後、斎藤珈琲との出会いがあり、斎藤智さんが焙煎するコーヒーが完璧だったため、自分で焙煎するということはひとまずおいておいて、もうひとつ興味があったブラジル音楽へ気持ちを傾けました。

　90年代末にフリーペーパー「dimanche」をまとめた本の取材で、岡本仁さんとかつて札幌で和田珈

琲店という自家焙煎珈琲店を経営されていた和田博巳さんのご自宅に伺った際に、和田さんから手網と手廻しの焙煎レクチャーを受けました。それが自分にとっての初焙煎です。和田さんからお借りした手廻し焙煎機で時間をみては焙煎をしていましたが、そのときは楽しむ程度に終わっていました。

　2000年代の終わり、斎藤さんが病に倒れたのがきっかけで、焙煎をはじめる「いつか」が到来し、焙煎機が設置できる家に引っ越しをしました。目指すのは斎藤さんの味。斎藤さんが使っていた10キロではなく半分の5キロの焙煎機で同じ直火式で斎藤さんがカスタマイズした仕様になるべく近づけま

した。2010年から本格的に焙煎をスタートしましたが、思い描いていたコーヒーを焙煎することはできませんでした。失敗を重ねていくうちに、自分なりの工夫とアイデアも出てきて、それを実践することで納得できるコーヒーが焙煎できるようになったのは、はじめてから数年後のことでした。

焙煎は帰宅後、深夜に行っているため、注文が増えていくに従って睡眠時間が削られていくという毎日を過ごしていました。22時からはじめて焙煎が終わって寝るのは朝5時、そして開店からマスター業というハードワーク。

焙煎量の増加と睡眠時間の確保のため、ひと回り大きい10キロの焙煎機に買い換えたのが2017年のこと。ちなみに初代の5キロ焙煎機は元スタッフで西宮のエスキーナの高井宏樹くんが引き取って使ってくれています。10キロでも直火式でしたが、2022年に焙煎への探究心から半熱風式に変えました。それに伴い豆の味わいも変わっています。

先日、数年ぶりに六曜社 地下店に行き、奥野マスターのコーヒーをいただきました。「焙煎やって良かったでしょ?」そう言われて自信を持って「はい」と答えました。ずいぶんと寄り道をしましたが、30年近い焙煎物語の伏線回収ができたような気がしました 🅣。

コーヒー豆を買い付けに行くようになって。

　1994年のオープン時からお店に来ていた松元啓太さんがコーヒーの道を選んだのは、実はディモンシュがきっかけだったと知って驚きました。お店に通いはじめたとき、彼は音楽好きの大学生で、当時はコーヒーのことよりも音楽について話していた記憶があります。オススメのレコードのジャケットを見せては教えていました。そんな彼は卒業後、コーヒー生豆輸入商社 ワタル株式会社に勤務しました。僕もま

だ焙煎をしていなかったこともあって、しばらく疎遠になっていましたが、2007年、彼が住んでいたグアテマラから突然メールを送ってきました。メールの内容はコーヒーのことよりも音楽のことでしたが。
　2010年に焙煎をはじめる準備段階で資料集めに行ったスペシャルティコーヒーの展示会SCAJで、松元さんと再会。彼はずいぶんと遅しくなり焙煎初心者だった僕にとって心強い味方になってくれまし

た。昔は彼に音楽を教えていたのに、今では彼からコーヒーのことを教わっています。それから彼と彼の会社の皆さんにお世話になり、グアテマラをはじめ、ブラジル、ホンジュラス、コスタリカとさまざまな国へコーヒーの買い付けに出かけました。買い付けのメリットはすでに日本に入って来ている豆から選ぶのではなく、現地で100種類以上のロットから自分好みの豆を選べるということです。

買い付けツアーには、僕のようなマイクロロースターと呼ばれる小規模の自家焙煎店の店主や買い付け担当が何人かで参加します。あまり接点のない同業者の方々との情報交換もでき、ツアー中は勉強になることが多いです。そしてなんといっても旅好きの僕にとって個人旅行では行きづらい中南米の生産国を肌で体験できるということが、現地での買い付けの醍醐味でしょうか。空の色、風、土、花や自然の香り、住んでいる人々、食べ物。すべてが刺激的です。そこで体感したことをお客さんにお伝えしながら買い付けたコーヒーを楽しんでもらっています。

松元さんは今では農園主としてホンジュラスでオスマンサス農園を運営し、コーヒーの世界的な国際品評会カップ・オブ・エクセレンスのヘッドジャッジに就任予定。彼の活躍は自分のことのようにうれしいです 🅣。

（左）コーヒー豆の乾燥作業のお手伝い中。（左上）カッピング中。コーヒーの良し悪しがわかります。（中上）真っ赤な色が美しい完熟のコーヒーチェリー。（右上）エル・インヘルト農園主アルトゥーロ・アギーレさん。（左下）松元さんと農園見学。（中下）出荷前の生豆。（右下）コーヒーの花の香りをクンクン。

コーヒー豆のこと。

　ディモンシュではコーヒー豆はシングルオリジンとブレンドを販売しています。ブレンドは札幌の斎藤珈琲のものも扱っていますので、すべてあわせると常時30種類くらいを販売しています。焙煎度合は中煎りから深煎りまで幅広くあります。焙煎をはじめた頃は主な生産国のストレートをとにかく焙煎し、自分のなかにそれぞれの味の特徴のストックを積み重ねていきました。ブレンドはそのストックがないとつくれません。カフェでコーヒー豆を販売していて思うのは、ディモンシュのお客さんはいろいろな

レンジを楽しんでいるということ。「この前は中煎りだったけど今日は深煎り」、「今日お店でいつもと違うものを飲んでみたらおいしかったから、今回はこの焙煎度合の豆を買ってみよう」といったように、新たなコーヒーの扉を開けることができるのは、カフェ営業と幅広い品揃えのメリットだと思っています。

　量り売りのラインナップは100グラムから1キロまで。初回に少量の100グラムで数種類買っていた人が自分の好きな味がみつかり、500グラム、1キロと量が増えていくのを見るとうれしくなります。

定番コーヒー。

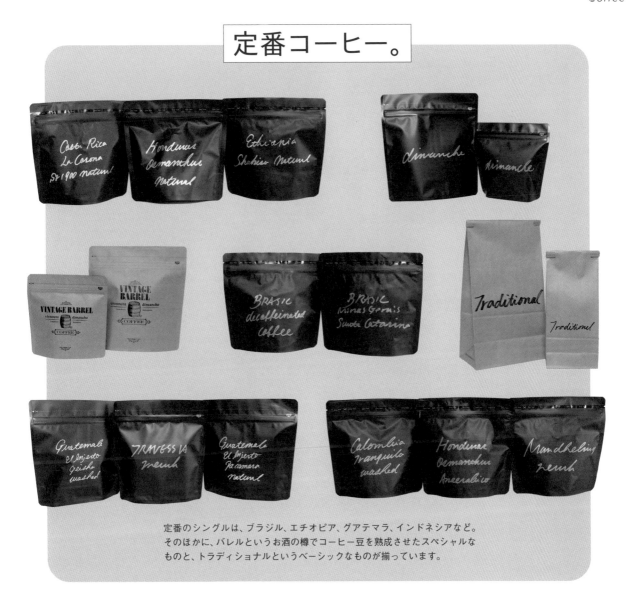

定番のシングルは、ブラジル、エチオピア、グアテマラ、インドネシアなど。
そのほかに、バレルというお酒の樽でコーヒー豆を熟成させたスペシャルな
ものと、トラディショナルというベーシックなものが揃っています。

賞味期限を2カ月で設定しているので最近は大きな量を買う方も増えてきました。1キロを買う方にはお店をやってらっしゃる方もいるようです。

　手書きのパッケージは、豆を販売するときに夫婦でどんなものがいいか相談をして決めました。デザインされたステッカーを貼るというアイデアもありましたが、千佳ちゃんがパッケージにそのまま書いてみたところ雰囲気もデザイン的にも良かったし、そういう形で販売してるところが当時なかったので、これでいこうと決め、以来ずっと手書きです。

印刷に見えるので、手書きだと知ると驚かれますね。卸先も、手書き文字を希望されるところがほとんどです。また手書きのよさは小回りがきくところで、無駄がでないし、僕が急に思いついたひと言をその場ですぐ書き加えられるなどのメリットがあります。文字色と袋は季節やイメージに合わせたカラーを選んで、自分たちも楽しんでいます。卸を含め毎晩かなりの枚数を手書きしているので、千佳ちゃんは大変ですが、ディモンシュのコーヒー豆といったらあの袋で定着しているので、頑張っています❶

季節のコーヒー。

山のブレンド、海のブレンド、あじさいブレンドなど、鎌倉の季節や、イベントに合わせてブレンドしている豆。2023年のあじさいブレンドはブルンジ、アナエロビックをベースにブラジル ドナネネン アナエロビック、ホンジュラス オスマンサス アナエロビコをブレンドしたクルミのような香ばしい風味とまろやかな味わいのもの。同じネーミングでもその年によって、いろいろ考えながらブレンドしています🅣。

パフェの誕生と
季節のパフェのこと。

今から24年前の2000年に、ディモンシュのパフェは誕生しました。最初に登場したパフェは「パフェ ディモンシュ」。そう、コーヒーのパフェです。今でこそパフェを楽しみにしてくださる方が増え、ディモンシュのスイーツといえば、パフェを思い浮かべてくださる方も多くなりましたが、当時はどちらかというと、オムライスの人気が高く、そのイメージのほうが強かったので、パフェはなかなかに難しかったように記憶しています。

結婚後、お店で働くことになった私は、もともと会社員だったので、飲食業の知識もなければ、お菓子作りの基礎もまったくありませんでした。すでに在籍していたスタッフに仕事を教わりながら覚えていくので精一杯。当然、メニューの開発などもできるはずがなく「ロミミエ」という、当時まだ「ロミ・ユニ コンフィチュール」というジャム屋さんをはじめる前のいがらしろみさんと、現在も、ろみさんの右腕として活躍されている緒方三枝さんが組んでいたお菓子のユニットに季節ごとに食事とお菓子のメニュー開発をお願いしていました。そこであるとき提案されたのがコーヒーのパフェでした。「喫茶店にはチョコレートパフェやバナナパフェはあるけれど、コーヒーパフェってないよね!?」「名前はカフェ ディモンシュをパロってパフェ ディモンシュなんていいんじゃない!?」「コーンフレークでかさ増しするのはやめようか（笑）」。そんなやり取りから、ポップな名前の、ほかにはない新しいコーヒーのパフェが誕生しました。当時は確か600円くらいだったような。今思えば、ネルで丁寧に淹れたコーヒーで作っているのに安かったですね（笑）。

その後も何シーズンか、季節ごとにメニュー構成をお願いし、これを食べなければ春が来ないと、毎年楽しみにしてくださる方も多いいちごのパフェ「プリマヴェーラ」や、夏といえばの「マンゴープリンパフェ」などが生まれていきました。

覚えていらっしゃる方はもう少ないかもしれませんが、当時はいがらしさんの紹介で知り合った方々にケーキを外注しており、週に3回、それぞれ3台ずつ合計9種類のケーキを毎週提供していました。今思えば夢のようにケーキが充実していて、当時製造してくださっていた方には感謝の気持ちでいっぱいですが、そんなありがたい状況がいつまでも続くはずがなく、いずれはきちんと基礎を勉強し、自分で作れるようにならないといけないという思いが募っていました。

月日が経ち、お店が週休2日になったのと、任せられるスタッフが育ったのを機に、東京の製菓学校へ。どうせ通うなら、ものすごく勉強できる場所をと思い、週に1回朝10時から夕方5時までみっちり手を動かす、お菓子作りをエンジョイするとはほど遠い、ハードコアなレッスンを2年間。週に5日朝から晩まで働き、翌日も早朝から学校、残りの1日で溜まっていた家事や事務仕事と自分時間少々という生活を毎週繰り返し、体はフラフラでしたが大充実していました。

お菓子作りの考え方、組み立て、素材の合わせ方などを知るたびに興奮し、作ってきたお菓子を夫に説明しながらコーヒーとともに深夜にパクパク食べていたので、体重は6キロほど増えましたが悔いなしです。毎週最寄りの駅まで送り迎えしてくれ、一

緒に太ってくれた夫にも感謝。そして製菓学校でいろいろなお菓子の作り方や作業工程を学んだおかげで、お店の既存の設備と日々のオペレーションのなかで可能な作業がわかってきました。常に食事の注文が入り、3口あるコンロはすべて埋まっているような状態が一日中続き、厨房温度は高く、スタッフに指示を出し続けながらのケーキの製造は難しい。もともとあるオーブンも製菓には向いておらず、新たに設置する場所もない。でもパフェのパーツなら注文をこなしながら作ることができるし、季節感を出すこともできる。そうしてパフェに注力していくようになりました。ディモンシュは本当に幅広い客層の街の喫茶店なので、誰もが楽しんでもらえるように、ちょうどいい感じで、でもちょっとポップで新しい何かを加えたいなといつも考えています。全然人気がなくて大はずししてしまうこともありますが（涙）、それも次につながっていると信じて、これからもコツコツやっていきたいです ⓒ。

― Parfait Dimanche ―
パフェ ディモンシュ

喫茶魂三〇年

※クッキーはパフェとは別物ですが、単品でご注文いただけます。

ディモンシュ初のパフェは、お店のコーヒーの味わいをパフェにしたらという、いがらしろみさんと緒方三枝さんの提案により実現したもの。パフェといえば、このグラスでしょう!?というデコラティブなザ・パフェ!なグラスでスタートしました。途中、割ったりで数が減り、同じものを探しましたが、なかなかみつからず。当時いたスタッフがデッドストックでみつけ出してくれ、無事、24年間同じデザインのグラスで頑張り続けています。このとき初めてデザイナーの小野

英作さんに旗のデザインを依頼。この頃、旗はパフェというより、お子様ランチだったように思ったけれど、ほかにどこもやっていなかったので、やってみようとなりました。実際、デザイナーさんにパフェの旗をお願いするなんて気が引けたけれど、ありがたいことに小野さんはおもしろがってやってくれ、お客さんもそれを楽しみにしてくれるようになりました。新しいパフェが誕生するたびにデザインも増え、今も変わらず、ディモンシュのパフェに花を添えてくれています ⓒ。

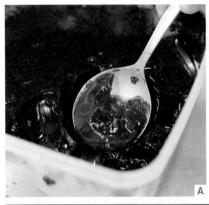

おうちでパフェディモンシュ。

[材料と作り方]（作りやすい分量）

1. 「コーヒーの抽出の仕方。」（P7）を参照にコーヒーを870mℓおとし、ゼリー用とグラニテ用に400mℓずつわける（70mℓはテイスティングしてください）。板ゼラチン4枚（8g）は氷水でふやかす。

2. ゼリーを作る。小鍋に1のコーヒー200mℓを入れ、60℃くらいまで温める。砂糖40gを加えて混ぜ、溶けたら1のゼラチンを加えてよく混ぜて溶かす。コーヒー200mℓを加えて混ぜ合わせる。

3. 2の粗熱が取れたら茶濾しで濾しながら、密閉容器に移し入れ、冷蔵庫で冷やしかためる。

4. グラニテを作る。小鍋に1のコーヒー200mℓを入れ、砂糖120gを加えてよく混ぜて溶かす。コーヒー200mℓを加えて混ぜ、密閉容器に入れ、冷凍庫で冷やしかためる。1時間ほどしたら一度フォークなどで全体をガリガリ削って混ぜ、再び、冷やすを2回繰り返す。

5. スポンジを焼き（お店のスポンジは自家製ですが、市販でも可）、粗熱が取れたらひと口大に切る。

6. 生クリームに分量の10%の砂糖を加えて八分立てにする。

7. 大きめのグラスにゼリー（A）、6のシャンティ、コーヒーシロップにつけたスポンジ（B）、好みのアイスクリーム、グラニテ（C）を順に適量ずつ重ね入れ、最後にシャンティ（D）をのせる。好きな量を好きなだけ入れてどうぞ！

※コーヒーシロップはグラニテ少量を溶かしたものでOK。
※スポンジの代わりにクッキーをくだいて入れてもおいしいです。

Dimanche Death
ディモンシュ デス

3年くらい前にハロウィンのときに何かできないかなと考え、生まれたパフェ。いつもお客さんに親しんでもらっているパフェ ディモンシュをアレンジ。ハロウィンだからちょっと驚かせたいという気持ちもあって、パフェ ディモンシュにミルク寒天で作ったドクロを入れ込むことにしました。目の中にはフランボワーズのジャムを注射器で注ぎ、血の涙をイメージ。実現するまではドクロを型で抜いたときに崩れないかたさ、グラスに貼り付けられる粘度と耐久性などを考え、さまざまな凝固剤で試作を繰り返しました。ドクロがへなちょこになってしまい、あまり怖くなくて笑ってくれる方が多いなか、ギャン泣きして怖がってくれるちびっこがいたのは、とてもうれしかったです◉。

パフェの旗はスタッフみんなで手作りしています。

24年間、パフェの旗を飽きることなく楽しんでデザインしてくれているデザイナーの小野英作さんは、ディモンシュのオリジナル商品のデザインも数多く手がけてくれている方。毎回、パフェの説明をするとぷっと笑える、チャーミングな旗をデザインしてきてくれます。それをアナログに、プリントアウトして1枚ずつカットし、楊枝にくるっと巻きつけるのは、スタッフみんなの手仕事。今は、旗を入れているグラスがスカスカになっていると、手が空いているスタッフが黙々と作りはじめるというのが、ずっと続くスタイルで、ディモンシュの家内制手工業シーンのひとつです❶。

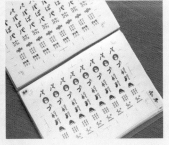

Pudding Parfait
プリンパフェ

2019年の25周年のときにお店のもうひとつの定番として誕生したのが、このプリンパフェ。マスターがコスタリカにコーヒー豆の買い付けに出かけているとき、私も何か作ろうと思って考えたもの。ひとりで自由に考える時間があってちょうどよかった。プリンパフェがこの形に着地したのは、出かけた道具街でこのグラスをみつけたことから。ちょうどプリンで何かしたいと思っていたときに出合ったグラスがたまたまプリン型とまったく同じ直径だったことで、これはもしや!?と思ってC。

昔ながらの牛乳と卵の懐かしい、けれどもクリーミーなプリンに、キャラメルのゼリー、スポンジ、シャンティ、アイスクリームなどを重ねたプリンパフェは、このあとの、いろいろな味わいのプリンパフェへと進化していくもとにもなっています。今ではプリンを型からはずしてグラスにのせるときも余裕です（最初は手がプルプルしていました）!!

Japanese Chestnut Pudding Parfait
和栗のプリンパフェ

Pumpkin Pudding Parfait
かぼちゃプリンパフェ

プリンパフェから生まれた季節のパフェ。栗のプリンには和栗のペーストをたっぷりと。パフェの中はフランス産の蒸し栗という贅沢なつくり。和栗の味わいがしっかり感じられる濃厚なプリンが自慢のパフェ。

かぼちゃのプリンも栗同様、味わいがかなり濃厚。味のアクセントにはカシスをプラスしました。どちらもおかげさまで秋の名物として人気のパフェです。

Parfait Primavera
パフェ プリマ ヴェーラ

パフェ ディモンシュのあとに生まれたこのパフェは、スパークリングワインのゼリーといちごのマスカルポーネアイスクリーム、シャンティ、フランボワーズ、フランボワーズのシロップを染み込ませたスポンジなどで構成した、見た目も味わいも華やかなもの。生のいちごもアイスクリームを覆い尽くす勢いでたっぷり、どっさりのせている、ディモンシュ的早春の風物詩ともいえるパフェです◎。

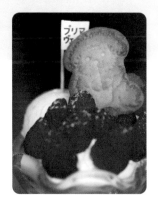

チョコレートプリンパフェ
Chocolate Pudding Parfait

2023's

2024's

東京の世田谷にあるパティスリーカフェ「マウンテンハット」とコラボしたディモンシュのコーヒーが入っているチョコレートプリンを使ったパフェ。キルシュに漬けたチェリーやキルシュを染み込ませたココアスポンジ、シャンティ、アイスクリーム、キャラメルゼリー、チェリーが層になった、フォレノワールというケーキをイメージしたもの。2023年のバレンタインに発売されましたⒸ。

2024年のバレンタイン時期に発売された2種のチョコレートプリンパフェ。左は、ちょうど月面着陸の話題もあったので、アポロチョコレートみたいなピンクと茶色のかわいいものをと思って作ったもの♡お子さんにも食べてもらえるものをと考えました。右は、ラム酒がきいた大人バージョン。りんごをキャラメリゼしたものを層に加えたもの。両方食べてくださる方が多く、うれしかったですⒸ。

Mint Milk Tea Parfait
ミントミルクティーパフェ

実はこのパフェは季節を問わず登場するもの。パフェ ディモ
ンシュがベースになっていて、コーヒーゼリーの部分が「テテ
リア（P63参照）」というブランドの紅茶を使用したパンナコ
ッタになっています。おいしいミントミルクティーをしっかり
味わって欲しいので、たっぷり茶葉を使用しています。ミルク
ティーのやさしい色合いなのに、ミントの風味もしっかり感じ
られる、まさに食べるミントミルクティー。ほかの季節のパフ
ェに比べると地味ですが、通年提供できるので私的にはとても
助かりますⒸ。

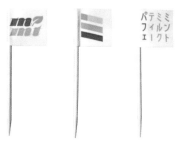

Parfait Melonche
パフェ メロンシュ

プリマヴェーラのあとに出す、何か新しいパフェをと考えていたときに、デッドストックでみつけたこのパフェグラスを使ってメロンに挑戦してみようと思い、生まれたパフェです。登場するのは、メロンの旬の5月から7月の初夏あたり。メロンの食べ頃と提供するタイミングを合わせるのに、非常に神経をつかうので、めちゃくちゃ気疲れするパフェですが、おかげでメロンをさわったらすぐ食べ頃がわかるようになりました（笑）。提供期間中は、厨房がメロンの甘い香りで満たされてとても幸せです◉。

Parfait Lemonche

パフェ レモンシュ

7月上旬から8月にかけて登場するレモンのパフェを
はじめたのは、スタッフの実家の農園の、おいしい国
産レモンが手に入るようになったことからでした。そん
なわけで、毎年レモンがとれる冬に、せっせとドラ
イにすることから、このパフェの仕込みははじまり
ます。お子さんにもおいしく食べてもらいたかったので、
すっぱすぎないようにすることも念頭に作りました。
冠のように最後にのせるレモンのメレンゲは、ネオン
管のようなポップさをイメージしていて、「Lemon」、
「レモン」、「れ」、なかには「Melon」、「ドラレモン」、「れ
れれ」などもはや原形をとどめていないものなど、い
ろいろあるのも楽しんでもらえたらと思っています。
レモンのアイス、レモンゼリー、塩レモンクランブル、
はちみつラム酒漬けレモン、チーズムースとさまざま
なレモンと食感を味わってもらえるつくりになってい
ます。応援しているプロレスラーの方に好きと言って
もらえました（涙）◎。

マンゴープリンパフェは季節のパフェとしての登場が早めだったこと
もあり、年々ブラッシュアップし続けているもの。かつてはパフェ ディモンシュと同じグラスで作っていましたが、これくらいの大きさが
ちょうどいいとお客さんにも好評の現在形です。アップルマンゴーを
たっぷり使った贅沢なパフェは、フランボワーズやヨーグルトの酸味
を加えて甘くなりすぎないようにと考えました。下部分にはフランボ
ワーズソース、ココナッツソースをまとわせたスポンジとマンゴープ
リンが2層になっていて、ヨーグルト、ココナッツアイス、マンゴー
ピュレとフランボワーズ、シャンティ、ミントなどで上部分がモリモ
リに盛られています ⓒ。

Parfait MFIP

MFIP イチジクパフェ（エムエフアイピー）

いちじくのパンナコッタがのった、プリンパフェスタイルのパフェは秋に登場するもの。パンナコッタがむっちり、ふるふるしていることから「MFIP（むっちり、ふるふる、いちじく、パフェ）エムエフアイピー」と名付けました。ドライいちじくを赤ワインやオレンジ果汁、スパイスなどで煮て、ペーストにしたものを加えた濃厚なパンナコッタの下には、丸1個分の生のいちじく、チーズムース、塩クランブル、コアントローのジュレ、いちじくアイスクリーム、生クリーム、それにほんの少しのブルーチーズが重ねられています。その昔、いちじくを丸ごと煮たものをのせた「武道館」という名のパフェもありましたが、ものすごく苦労したわりに人気はいまひとつだったのもいい思い出です☺。

ディモンシュのパフェの構造。

　季節のパフェが登場すると、中に何が入っているのかお客さんが熱心に問い合わせてくださるようになりました。それで、ひと目でわかるようにとスタッフがイラストにしてくれたものを各テーブルに置くようになりました。おすすめのコーヒーを一緒に記していることもあるので、オーダーの際にぜひ参考にしてみてください。私はこのスタッフのイラストが毎回かわいいのでいつかTシャツにしたいなと思っています。

　ディモンシュのパフェは、どさっと崩れないところまで食べたら、スプーンをグッとグラスの底まで入れて、下からゆっくりすくって層になっているところを食べてみてください。カリッとしたり、すっぱかったり、口の中で重なり合った味わいで、飽きずに最後までお召し上がりいただけます（といいなぁ）。例えば、レモンシュはこんなふうに食べてみてください（右）Ⓒ。

パフェ
レモンシュ

レモンシュお待たせいたしました！縦にスプーンを入れて冷たいの酸っぱいのマイルドなのザクザクなのなど、さまざまな味をお楽しみください

イラスト／鈴木蓮

①スプーンをグラスの底まで入れます

②それぞれの層をすくい上げる様に持ち上げます

③レモンの風味やクリームなどが合わさり、より美味しくお召し上がりいただけます

パフェ レモンシュのおいしい食べ方

＊レンゲはお早目に！

和栗のプリンパフェ

プリンは国産の和栗を、
グラスの中にはフランス産の
蒸し栗が入っています。
ぽっくりした和栗の穏やかな
美味しさを感じていただけたら
幸いです●

マンデー
プリンパフェ

一緒にオススメ ☕ コーヒー

グアテマラ・エルインヘルト
・パカマラ・ナチュラル

コスタリカ・ラ・リラ・ピエサン・ゲイシャ
・アナエロビック・ブラックハニー

パフェディモンシュ
デス ☠

定番のコーヒーパフェ、
パフェディモンシュの
ハロウィンバージョンです！
ミルク味のドクロ入り☠

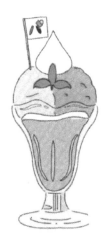

ミントミルクティーパフェ

テテリアのミント風味のミルクティ茶葉
を使った、まるでミントミルクティを
食べてるかのようなパフェです！

44

それぞれのパフェに何が入っているのかがよくわかるイラスト図。中に入っているもののコメントを読みながらハーモニーを味わっていただければうれしいです。

チョコレートプリンパフェ

世田谷にある人気パティスリーカフェマウンテンハットとのコラボレーションチョコレートプリンを使ったパフェです。

ムッチリ フルフル イチジク パフェ
MFIP

ドライいちじくを赤ワインオレンジ果汁スパイスなどで煮たペーストを加えたムッチリフルフルのパンナコッタ、丸一個分のフレッシュいちじく、コアントロージュレ、チーズムース、ブルーチーズ、塩クランブル、カシスソース、いちじくアイス、無糖生クリームで構成されています。

パフェ プリマヴェーラ

春の定番いちごのパフェです

パフェ メロンシュ

レモンバニラジュレ、生クリーム、メロンジュース、赤肉メロン、酒粕パンナコッタ、メロンシャーベット、赤肉メロン、ヨーグルトミントジェラート、赤肉メロン、という構成です！

溶けやすいのでお早めに！最後はジュースとしてお召し上がりください♪

日々のまかないは当番制です。

　オープンしてすぐの頃は、スタッフが天ぷらを揚げていたのんびりした時代がありました（笑）。最初はみんな慣れていないのでズッコケたおもしろいものを作ったりします。今でも語り草なのが、風優ちゃんの作った8割がパイナップルの、豚肉とパイナップルの炒め物。白いご飯がまったくすすみませんでした（笑）。それが今ではみんなが風優ちゃんのまかないを楽しみにしていて、ひき肉の魔術師と呼ばれるほどに。器用な萌ちゃんは最初から完璧。萌ちゃんの茶色飯にハズレなし。食堂をやれば絶対

はやるだろうな。ホールの春日くんはパスタ名人。旬の野菜を使い、毎回ばく大に用意してくれるので好き放題みんなよそいます。蓮くんの日は、ほぼ鶏肉なので鶏肉料理だと「今日は蓮くんだ」とわかります（笑）。まかないで出すものは必ず家で試作してからという、こつこつ努力派。今日は蓮くんの担当でタコライスです。

　スタッフたちが何を作るのかも楽しみな日々のまかない。みんないつもありがとうね🅣🅒。

左／たっぷりの量のひき肉を炒めて
いきます。右／いつも真面目です
が、いつも以上に真剣なまなざし。
カメラを気にしているのかな（笑）。
下／厨房で、仕込みをする風優ちゃ
んたちスタッフの動きを見ながらま
かないを仕込んでいきます。

右／今日は全員均等に分けて盛り付け
ておきます。中／ある日の春日くん作
のパスタ。左／まかないを作る蓮くん
の横で着々と仕込みをする春日くん。
左ページ／上にプラスするサルサは好
みの量を。かわいい盛り付け。

オープン当初からの
定番、ゴーフル。

　ゴーフルはオープンしたときからメニューにあった
もので、レシピはマスターのお母さん（義母）から受
け継いだもの。作り方は今もそのままに、材料だけは、
常に見直してはブラッシュアップしたものを使ってい
ます。

　外側のサクッとした食感と中のふんわり感、それで
いて厚すぎないので食べやすく、飽きることなく、繰
り返し食べたくなります。小さなお子さんからお年寄
りまで誰にでも好まれます。

　人気はやっぱりプレーン。素朴でどこかしら懐かし
い味わいはコーヒーによく合います🅒。

バターとメープルシロップ
で食べるプレーンは、永遠
のアイドルみたいな人気者。

ゴーフル プレーン
—— Gaufre Plain ——

※写真は仕込み用のため、下記のおうちで楽しむレシピの分量とは異なります。

おうちで楽しむ
ゴーフル。

[材料と作り方]（直径15㎝の丸形5枚分）

1. 牛乳250㎖は人肌に温める。卵2個は卵黄と卵白に分ける。薄力粉200gとベーキングパウダー
   小さじ1を合わせてふるう。
2. ボウルに砂糖40gと塩小さじ1/2を合わせ入れ、卵黄を加えて泡立て器で白っぽくなり、もっ
   たりするまで混ぜ合わせる（A）。
3. 2に溶かしバター90gを加え、泡立て器でさらに混ぜる。1の温めた牛乳を加えて（B）さらに混ぜる。
4. 3に粉類をふるいながら加え、ヘラで切るように混ぜる。
5. 卵白は泡立て器で角がピンと立つくらいまで泡立てる。
6. 4に5をヘラでひとすくい加え、よく混ぜ合わせる。残りも加え、泡をつぶさないように手早く
   ボウルの底から生地をすくうようにして混ぜ合わせる（C）。
7. ワッフルメーカーに生地を流し入れ、焼く（焼き時間はお持ちの機器の指示に合わせてください）
   （D）。ワッフルメーカーがない場合はフライパンに油、またはバター少々を熱し、生地を適量
   流し入れてパンケーキを焼く要領で両面焼く。
8. バター適量をのせ、メープルシロップ適量をかける。好みでシャンティをのせても。

長い間、皆さんに愛され続けているメニュー、ゴーフル。実はこのバターだけがのったシンプルなものが一番人気だったりします。これにシャンティやアイスクリームを追加するお客さんも！

Gaufre Strawberry
いちごのゴーフル

café
Vivement Dimanche.

レモンのゴーフル
Gaufre Lemon

シャンティに自家製レモンカードを加えた特製クリームが、ふんわりしたクリームチーズのよう。ラム酒とはちみつでマリネした、皮ごとまるっと食べられる国産レモン（レモンは、スタッフの実家の農園のレモンを使用しています）で、その周りをぐるりと囲みました。シャンティの中に密かにひそんでいるホワイトチョコチップがさらにおいしさを添えてくれます◯。

シャンティを囲むようにのせたいちごに練乳をかけ、キャラメリゼしたペカンナッツをちらした、ミルキーな味わいのいちごのゴーフル。ペカンナッツがサクふわゴーフルにさらにいいリズムを加えてくれます。パフェ プリマヴェーラとほぼ同じ時期に登場するので、ダブルいちごを楽しむお客さんも多いです◯。

À La Pomme Tatin
ア・ラ・ポム・タタン

キャラメリゼして積み重ねたりんごを、シナモンとラム酒を加えたシャンティにからめながら食べるりんごのゴーフルは、タルトタタンをイメージしたもの。熱々のりんごの上にシャンティをのせて、さらにキャラメルソースをかけた贅沢なゴーフルですⒸ。

CBSE
セー・ベー・エスゥー

以前は、4等分に切ったゴーフルの上にバターをのせてキャラメルソースをかけたセーベーエスというメニューでしたが、アイスクリームをのせて熱々のキャラメルソースをかけたエクセレントバージョンの、セーベーエスゥー「Caramel Beurre Salé Excellent」になりました。アイスがとろけてキャラメルと混ざり合ったソースがゴーフルにしみしみⒸ。

54

ゴーフル・サレ

ショルダーハム、グリーンカールやサニーレタス、クレソン、チャービルなどのミックスサラダ、玉ねぎスライス、ポーチドエッグをサンドした塩味のゴーフル。レストラン レネの夫妻が考えてくれました。フランスではクレープ生地でもよく見かけるこれを、もうずいぶん昔からやっていました。ハムの塩味とゴーフルのほんのり甘い生地が絶妙のコンビです☺。

いちごの赤とピンク、ペールトーンの色合いの春のロマンチックパブロバ。

春のロマンチックパブロバ
Spring Romantic Pavlova

ときどきお目見えするサクサクスイーツ、パブロバ。

　プリンを作るときに残るたくさんの卵白で何かをと思い、生まれたスイーツです。パブロバはいわゆるメレンゲにシャンティやフルーツを合わせたデザートのこと。メレンゲのサクサクした軽い食感に合わせるのは、季節のフルーツ。たとえば、春にはこんなふうにいちごとベリーのソース、中には甘さ控えめのシャンティとクレームエペスをひそませています。作っていてもかわいいなぁと毎回ニヤニヤします◯。

メニュー イラストで見る、知る

ゴーフルとパブロバ。

ゴーフルには定番のバターとメープルシロップのプレーンに加え、バナナをフランベしたものや、大粒いちご、キャラメリゼしたりんご、シロップ漬けにしたレモンなどをたっぷりのシャンティとともに食べる、贅沢仕様のものもあります。写真ではご紹介できませんでしたが、はちみつとリキュールで軽くマリネしたフレッシュいちじくに、赤ワインとスパイスで煮たドライいちじくのソースをたらりとした大人っぽいワッフルもあります。

パブロバは、ときどき季節のフルーツとともにお目見えする余力のあるときに登場するデザート。写真で紹介したいちごのものや、巨峰がのったものなど、フルーツとクリームをメレンゲのサクサク食感にからめて食べる、夢々なもの。メニューで見かけることがあったら、ぜひ逃すことなく食べて欲しいですⒸ。

いちごのゴーフル

毎年定番の季節のゴーフルです

レモンのゴーフル

旬の国産レモンを使ったほどよいすっぱさのクリームにはホワイトチョコチップが潜んでいます！レモン好きの方にはぜひ🍋

ア・ラ・ポム・タタン

みんな大好きタルトタタンのゴーフル仕立てです！

いちじくのゴーフル

はちみつとリキュールで軽くマリネしたいちじくに、ドライいちじくを赤ワインとスパイスで煮たソースをたらり。

パブロバ

サクサクメレンゲにクリームと季節のフルーツ。フォークでザクっと上から割してほおばってください。軽いです。

いちじくのパンナコッタ

ムッチリフルフルいちじくパフェでご好評をいただいたパンナコッタです。ドライいちじくを赤ワイン、きび砂糖、オレンジジュース、シナモンで煮たペーストをたっぷり使っています。

こんなメニューもありました！　いちじくパフェにのっていたパンナコッタを単品で食べたいというリクエストがとても多かったので。むっちり食感とクリーミーな舌ざわりで食べ応えがあります。

オムライス
Rice Omelet

オムライスとムケッカ。

　オムライスは私がお店に入ったときからあるメニューのひとつ。チーズが入ったトロトロの卵に包まれたケチャップライス、それを囲むコクありのドミグラスソースで構成されたオムライスは、修学旅行の子どもたちから大人まで大人気です。常連さんのなかには"飲めるオムライス"なんて言ってくれる方もいます。

　初めは普通サイズのみでしたが、今はハーフサイズと、大盛りサイズもあります。ハーフサイズはオムライスも食べたいけれど、デザートも食べたいんですよねー、というお客さんとの話から、もっと小さいオムライスがあったらいいかもと思って作ってみたのがはじまりです。小ぶりなサイズは、お出しすると小さくてかわいい！と言ってもらえ、小腹が空いているときにも喜ばれ、お昼ごはんということとは関係なく、おやつや、夕飯前の空いた時間などにも注文されるようになりました。そんなわけで、オムライス ハーフとデザート、そしてコーヒーと

こうして３つ並べてみると大きさの違いがよくわかります。上から普通サイズ、ハーフ、大盛り！

いう注文の仕方は、人気のスタイルです。

逆にもっとオムライスを食べたい！というお客さんのご要望にお応えして大盛りもご用意しており、家族でそれぞれの大きさを注文されることもよくあり、こんな大、中、小という大きさが定番になりました。

寒い日や、もうちょっと何か食べたい欲求に応えるコーンスープを提案してくれたのはパフェ ディモンシュを生み出した、いがらしろみさんと緒方三枝さん。オムライスとサラダ、それにもうちょっとという気持ちを満たしてくれるコーンスープも今やすっかり定着した、かゆいところに手が届くいい立ち位置のメニュー。

長年、ディモンシュといえばのメニューであり続けているオムライスは、スタッフたちの間でもやっぱり大好きなもののひとつで、忙しくてまかないを作れない日にまかないがオムライスになると皆、大喜びです⊙。

ムケッカ
Moqueca

ディモンシュのもうひとつのご飯ものであるムケッカは、ブラジルの北東部、バイーア地方の郷土料理で、エビやタラを加えたココナッツ風味の煮込みかけご飯。マスターが2005年にブラジルから帰ってきてから加わったメニューで、ちょうどマスターがブラジルにグッと入っていった時期だったこともあり、絶対お店のメニューに加えたいとの熱意から、かつてバイーアに住んでいたという方に作り方を教えてもらったものです（余談ですが、ブラジル化が激しかった2007年あたりは、閉店後のディモンシュで、サンバ＆アフロブラジリアンダンスのレッスンをしていたことも。前半がリオのサンバで、後半がバイーアのサンバのレッスン。みんなの熱気でお店のガラスが曇ったくらい盛り上がっていました〈笑〉）。

何度も試作を重ね、お店で出すたくさんの量を作れるまでにはけっこう時間がかかりました。ブラジルは野菜を輪切りにすることが多いということで、今も加える野菜は輪切り。また、現地では塩ダラを使っていたけれど、ディモンシュでは味のブレを少なくするために生ダラを使用するなど、味わいや素材も食べやすく、作りやすく、よりおいしくを考え、試行錯誤しました。ここ最近は、具材のエビが仕入れの関係でより大きくなったこともあり、さらに大人気になりつつあり、オムライスとムケッカというご飯ものの2本柱が確立して私としてはとてもうれしいです。

お店でお出ししているムケッカには、ファロッファと呼ばれるキャッサバ芋から作られている粉と、ブラジルでサラダによく使われている椰子の新芽の水

ムケッカを注文するとこのセットが出てきます。初めて食べる方には付け合わせの解説と食べ方ガイドをお出ししています。

煮を添えています。ファロッファは、豆料理や肉料理にふりかけて食べるもので、ムケッカにふりかけて食べます。ライムと、ピメンタと呼ばれる辛味ソースは、途中で味変をしたいときに使ってください。

　ところでこのムケッカから立ちのぼる香りとなんともいえない風味は、レッドパームオイルの力です。オリーブオイルでは出ない味わい。けれども当時、このレッドパームオイルを手に入れるのはそう簡単ではなく、まずはこれをたくさん仕入れられるところを探すことから、このメニューを確立する作業ははじまりました。あまり見かけない料理だと思いますが、ぜひ食べてみてください◎。

Einspänner
アインシュペナー

長きにわたり
愛され続けているもの。

30年という月日の中で、メニューもずいぶん変わっていきました。

愛され続けてきたメニューはいろいろありますが、飲み物ではアインシュペナーやアイスコーヒー、紅茶。デザートではチーズケーキも長きにわたり人気を保っています。

アインシュペナーとはドイツ語で、1頭立ての馬車を意味する言葉。いわゆるウィンナーコーヒーなんですが、たっぷりのシャンティがのっているので、デザートっぽい役割も果たしつつ、混ぜなければさっぱりしたアイスコーヒーが喉を潤してくれます。最近までホットもありましたが、今はアイスのみ。お店では、40%以上の乳脂肪分の生クリームに10%の砂糖を加えたシャンティをのせてお出し

— Indian Milk Tea —
インディアンミルクティー

紅茶はたっぷり2杯以上楽しんでもらえるポットサービス。オープン当時から変わらないこと。

— Iced Coffee —
アイスコーヒー

このコーヒーの氷も、アイスコーヒーで使っているコーヒー豆でネルドリップしたコーヒーを使っています。

— Cheese Cake —
チーズケーキ

コーヒーに合う、みっちり濃厚チーズケーキ。シャンティと合わせて。

しています。

アイスコーヒーは、昔は丸形のアイスコーヒーの氷を入れていましたが、今はコーヒー豆の形の氷を入れ、氷でコーヒーの味わいが薄れないようにしています。

ポットで出している紅茶は、もう10年以上、静岡県富士市の大西進さんが主宰する紅茶ブランド「テテリア」のものを使用しています。また、ずい

ぶん昔からあるインディアンミルクティーというメニューには、今もお好みでいくつかのスパイスをプラスできるようになっています。

昔から、どこの喫茶店にもあるメニュー、チーズケーキ。うちでも長いこと定番で人気です。最近流行りの感じではないけれど、ホッとするこの懐かしい味わいは永遠のもの🅣。

昔はこんなのやってたね、座談会トーク。

P24でも紹介した、ディモンシュのメニューに欠かせないふたり、ロミ・ユニ コンフィチュールのいがらしろみさんと緒方三枝さん、それに30年、ディモンシュに通い、さまざまなメニューを食べてきた編集者の赤澤かおりさんと、僕ら夫婦で集まって、今年30年となるディモンシュのメニューについて、話しました。

＊文中の話者は以下の通りです。 Ⓡ いがらしろみ Ⓜ 緒方三枝 Ⓐ 赤澤かおり Ⓒ 堀内千佳 Ⓣ 堀内隆志

Ⓣ どうも、どうも、お久しぶりです。今日はよろしくお願いします～。

ⓇⓂⒶⒸ お久しぶりです！

Ⓒ これ、今までのメニュー。ないものも少しあるけど、懐かしいでしょ（メニューを広げながら）。ほら見て、ニョッキとかやってたね～。

Ⓜ あ、パフェ、最初は600円だったね。

Ⓣ そうそう、そうだった「パフェノエル」とか言ってたような。

Ⓒ トントマトとかもあったね。懐かしいね。

Ⓜ スープも出してたよね。手で濾してさ。頑張ってたね～。

Ⓒ 今だったらバーミックス、ウイーンってかけるよね（笑）。

Ⓣ リエットもあったね。大好きだった！ このメニュー、いちばん初期のやつだね。

Ⓡ パンペルデュ・サレ、ジャンボンフロマージュとか。

Ⓐ あー、懐かしいね。

Ⓒ ベシャメル作ってたねー。

Ⓣ しょっぱいやつは、足がはやくてね。

Ⓜ 毎日作んなきゃいけなかったよね。

Ⓒ 今思えば、経験がないからこそできてたことだね。

Ⓡ ミルクジャムもあったね。お気に入りの練乳がなくなったから作れなくなっちゃった。

――緒方さんが、ROMYMiER（ろみさんと緒方さんのフードユニット）の今までの仕事を書き留めてきたノートを開き、みんな覗き込む。

Ⓣ ろみちゃん、イベントのフライヤーとかよく持ってたし、よく覚えてたね。仕事年表も、すごいね～。

Ⓜ ろみちゃんはまだ料理学校に勤めていた頃だね。

Ⓐ すごいね～、とっとくもんだね～。最初にろみたちにメニューを依頼したのは何年頃だった？

Ⓜ カフェのメニューをお願いしていただいたのが、たぶん2000年のカウントダウンイベントが終わった後くらいですよね。堀内さんが、最初に私に電話をくれたのは料理学校に勤めていたとき。覚えてますか？

Ⓣ そうそう。そうだったね～。

Ⓜ 2000年よりずっと前に、外線でかかってきて。そのときに、うちでケーキ作れる人いないかなって。私、料理学校でアシスタントやってて、堀内さんに即答で「私やります」って言った気がします。

Ⓣ ハハハ。

Ⓜ その前からろみちゃんがフランスから帰ってきて、いろんなところでイベントをやってて。

Ⓡ いや、まだやってないよ。「やるよ」って言ってたの。
Ⓣ 記憶がみんな曖昧でございます（笑）。
Ⓜ そのときに、堀内さんとイベントで会って。
Ⓣ そうそう、テツオ（ディモンシュ初期スタッフ）と行った。
Ⓡ あれはねー、たぶん 1997 年。カチャトラね。
Ⓣ ろみちゃんの凱旋帰国イベント。
Ⓡ 凱旋はないない（笑）。ストラスブールに行く前の。
Ⓜ で、2000 年より前からロミミエの活動をはじめた。
Ⓒ ふたりは何で出会ったの？　料理学校？
Ⓡ 由美ちゃん（緒方三枝さんの妹さんでディモンシュのコーヒー缶のデザインもしている方）と私が短大の同級生だから。由美ちゃんちに遊びに行くと、ピンヒールはいてボディコンのお姉ちゃんが朝帰りしてくるの。それがみーちゃんだった（笑）。
Ⓣ 有名な三姉妹でね。
Ⓡ そうそう、それで「すっげえ、ボディコンだな」って思ってた。で、そのボディコン着てたアパレル関係のお姉ちゃんが、将来お料理のほうに行きたいって言って、会社辞めて専門学校通いはじめて。某イタリアンで働いてて。
Ⓐ え〜、そうなの〜！　知らなかった！
Ⓡ めちゃめちゃ、しごかれてたよね。それで大変そうだったから、「みーちゃん、学校で働いたら？」って。そのとき私は料理学校で働いてて。「でも私、フランス語できないよ」っていうから、「日本人のシェフのアシスタントにつけばいいんだよ」って。みーちゃん、アルバイトで試食販売とかもやってて上手だったから。イベントのときに、そういうバイトからまず入ってもらって、それでそのまま一緒に働くことになったんです。
Ⓐ で、堀内くんから電話がかかってきたときは、ふたりはもうそこで働いてた？
Ⓡ そうそう。私が最初にディモンシュに来たのは 97 年の 1 月だったから。
Ⓐ よく覚えてるね。
Ⓡ 赤さまが担当してた雑誌『CittA』の、堀内さんと、千夏さんと、あとCHAJINさんで対談をしてて。カフェの特集のときにね。それを読んで、ここに行きたいって思って。
Ⓣ すげーなー。

Ⓐ すごいね、そういう流れでってうれしいなぁ。
Ⓣ カフェブームのときだよね。
Ⓐ きこちゃん（根本きこさん）とかが出てた「おうちでカフェ」みたいな特集の号かな。なんか、運命感じるなぁ〜。
Ⓡ で、来てみて。フリーペーパーとかやってて。その頃はフランスのカフェだった。
Ⓣ そうそう。
Ⓡ それでフランスの話とかして。
Ⓐ そうか。ちかちゃんが働きはじめたのは何年？
Ⓒ 99 年の 4 月に、ここに連れて来られて。私が来たときはみーちゃんと入れ替えだったかな。ちょっとだけ一緒だったかも。
Ⓜ そうそう、それってこれ（メニュー）をやるとき、全部キッチンに貼り紙して「受験生みたいだね」って言いながらやったよね。
Ⓒ 必死になって厨房で作ってたの覚えてる。
Ⓐ そうだよね、その頃私、皿洗いのバイトとか入ってたもん。
Ⓜ ちょっと大変そうな時期だった。でも「あ、千佳ちゃんがいるんだ」って、よかったって思って。
Ⓒ 私、誰も友達がいない鎌倉に来たから、みーちゃんしかお店のこと話せる人がいなくて、すごい助けられた。
Ⓜ 私も、千佳ちゃんといろいろ話せてよかったって思ってた。堀内さん、千佳ちゃんのおかげで大改革できたんじゃないですか〜!?
Ⓣ 本当に助けられましたね。
Ⓜ スタッフ、重要ですよね。
Ⓐ メニューはどういうのが思い出がある？　なくなったメニューも結構あるよね。
Ⓣ ふたりが考案してくれて、だいぶ垢ぬけたんだよ。
Ⓡ フランスのお店だったから（笑）、フランスっぽい、でもカフェで使えそうなものをやってたんだと思う。ゴーフルとかを生かしながら。「スープとかやったらいいんじゃない？」とか。
Ⓜ でも、アングレーズを炊いてもらったり、結構大変だったと思うけど、忠実にやってもらって。
Ⓡ ほんとだ、ベシャメルソースとか書いちゃってる。
Ⓒ あの頃、フレンチトーストも甘い

の２種類に塩味とかもあって。

Ⓜ それを本格的に取り入れていただいたのが、2000年の10月。そのときに正式依頼をいただいて。タルティーヌとかもあったらいいんじゃない？とか。

Ⓒ ずいぶんお洒落だった。

Ⓡ あの頃はフランスっぽいカフェのメニューとかも、世の中にあんまりなかった。

Ⓣ 世の中はカフェブームだったんだけどね、みんな「カフェ飯」とかやってたね。ワンプレートとか。

Ⓐ あ〜。そうだったね〜。

Ⓣ そうそう、世の中はそっちにいってたけど、うちはそういう感じではなかったかな。

Ⓡ なんか、フランスのカフェにありそうな、ちょっと小腹が満たされるような感じのメニューにしようって考えてたと思う。意外と細かなアレンジはしたけど。

Ⓣ うん、ここでできるようにね。

Ⓡ 味のベースとしてはフランス料理っぽい、フランス料理の定番みたいな感じの味を考えてた気がする。

Ⓐ 特にどのあたりに如実に表れてる？

Ⓡ 例えば、「シュゼット」とか。これは、クレープシュゼットがベースになってて、オレンジバターでクレープを煮るんだけど、キャラメルとオレンジのソースでクレープを煮るところを、ゴーフルでやる、みたいな。そういうアイデアとか。ベースのゴーフルを生かしながら、ソースだけ作れば、味がフランスっぽくなる、みたいなことを考えてたかな。

Ⓐ みんな好きだったメニューはどれ？

Ⓣ いやぁもう、全部思い出深いよね。

Ⓒ 私ね、クリーミーフォレスティエールっていうの、すごい好きだった。

Ⓐ 何それ！

Ⓒ カンパーニュの上に鶏肉ときのこのクリーム煮みたいなのをのっけて、上にチーズをのっけて焼いたの。ろみちゃんが来て、作ってくれて。あと、グラタンドフィノアも好きだった。

Ⓣ あー、あったね。ドフィノア。

Ⓒ そう、あとね、これはざわついたな〜、きのこのクリームスープ。

Ⓜ よく見ると、これ大変なことお願いしてるよね。ブイヨンで合わせてからとかね。

Ⓒ でもなかなか認知されなくって。おいしいのに、あまり注文してもらえなくって。結構ダメになっちゃうからって、みんなで喜んで食べてた。

Ⓣ カスレってこの時代？

Ⓒ そうそう、おいしかった。

Ⓡ これはユニオン（鎌倉小町のスーパーマーケット）で買えるキドニービーンズと、白いインゲン豆の缶詰と、レンズ豆とかの豆とウインナーソーセージで。本当は鴨とかで煮るんだけど、そこらへんは本当のカスレじゃないけど、ウインナー入ってれば十分、みたいにして。パンと食べる、みたいな。

Ⓐ 思えばいろんなメニューあったね。

Ⓡ そう、「フランス時代」（笑）。

Ⓐ いろいろあったんだね。結局ふたりは何年くらいやってたの？

Ⓡ 1〜2年なんじゃないかな？　そしてだんだんブラジルに傾倒されていき（笑）。

Ⓐ ブラジル時代は何年からだっけ？

Ⓣ 2002年に初めてブラジルに行ってるから、その頃からかな？

Ⓒ こっから先がブラジル時代。

Ⓡ それでムケッカとか登場するね。

Ⓐ 2002年はテツオと行ったとき？

Ⓣ そうそう。dois（ブラジル雑貨店 2002〜2011年まで鎌倉扇ガ谷で営業）の準備で。

Ⓐ 2002年に行って、その後急に「ブラジル」に。

Ⓣ そうね。思い切り舵きって。2002年にdoisがオープンして、2004年の1月にその向かいに、「ロミ・ユニ コンフィチュール」がオープンしたんだよね。

Ⓒ 感慨深いね。

Ⓜ カフェ ディモンシュの「パフェ ディモンシュ」って言ってたね、ろみちゃん。

Ⓣ それ言ってた！

Ⓡ ダジャレ好きだったから。私の家の畳の部屋でずっと言ってた。語呂的な感じも良かったから。

Ⓜ それでパフェ ディモンシュって、なんかすごいいいねって盛り上がってた。コーヒーをメインにするといいねって、そこで考えてたんだけど、それが満月の夜だったの。ろみちゃん、いつも降臨してくるんだよね。

Ⓣ すごいね〜。ミステリアス、ろみ。

Ⓡ 夜そんなことやってたんだね。

Ⓜ ごろごろしてるときね（笑）。

Ⓐ「パフェ ディモンシュ」の名が、まさか、畳の上で生まれたとは（笑）！

Ⓡそれ、すごい推してた。カフェ ディモンシュのパフェ ディモンシュ。あのときって、「喫茶魂」ってＴシャツとか作ってて、喫茶魂的なパフェ、みたいな感じで。コーヒーがおいしいから。

Ⓐ世の中の喫茶店はパフェって感じじゃなかったのに、わりかしデコラティブなグラスで、パフェ然として出してきたじゃない。ふたりはそのときに「何言ってるの、喫茶店といえばパフェじゃん」って自信満々に言ってたから、それに乗ったっていう話で、堀内くんが。

Ⓡ私、小学１年生の頃の夢が「パフェ評論家」だったの。チョコレートパフェとかフルーツパフェとか、近所の喫茶店に行くと必ず頼んでて、大好きだったの。パフェ然としたやつ。だから「パフェ最高！」って思ってて。

Ⓒ小１から？　さすがだね！

Ⓡパフェ食べてて、生クリームに砂糖が入ってないわけ。「なんか違う！」ってそのときは思ってたけど。

Ⓒ流行りすたり関係なく、ろみちゃんのなかでは常にパフェだったんだね。

Ⓡそう。でも歳とってきて、「あんなに食べられない」って。最近のパフェって多すぎない？

Ⓣうーん。

Ⓡディモンシュのくらいがちょうどいいよね。

Ⓐろみが流行りすたり関係なくパフェだったのに、うっかり乗っちゃったってことだ！

Ⓣそうだね。

Ⓒ最初はそんなに頼む人いなかったよね。

Ⓣわりと少なかったよね。値段つけるのも結構悩んでた気がする。

Ⓒ最初６００円だもんね。

Ⓣそんなに取れないんじゃないかと思って。

Ⓐコーヒーの５００円に１００円しか足してないってすごいよね。

Ⓣ今となってはね。

Ⓜ今のパフェは構想変わってない？　ゼリー入れて、スポンジ入れて、生クリーム入れて、アイス入れて。ポイントはコーヒーのグラニテ。あ、アイスだけ前はバニラしか入ってなかったね。

Ⓣ数が出るようになると種類も増やせるよね。

Ⓐすごいね。最初に喫茶魂的な意味でコーヒーを使っ

た何か、でパフェが生まれたって。

Ⓒ２４年前だね。

Ⓐプリマヴェーラも、ろみたちだよね？

Ⓡプリマヴェーラの原形は、さっき出てきたクリスマスのパフェだったの。

Ⓜツリーを立てただけでクリスマス感っていう（笑）。

Ⓣなんかメラメラやったときってなかった？

Ⓡメラメラっていう名前だったんだよ。アメか何か。

Ⓣそう、アメアメ！　アメだよ。パフェの上に飴細工。

Ⓒあんな暑い厨房で、飴まで作って、頑張ってたね。毎シーズン、ゴーフルで２〜３種類、タルティーヌで２〜３種類とかやってたね。ある日突然一気にメニュー替えて。

Ⓐそれについていってた千佳ちゃんがすごいね。

Ⓒ若かったからさ、まだエネルギーがあったんだよね。

Ⓜコンロ３口でやるのも結構大変だよね。考えたらすごいね。

Ⓐ３０周年に向けてのパフェってなんか考えてる？

Ⓣここから復活メニューとかできたらいいね。

Ⓜなんか簡単にできるものがいいよね。

Ⓒ簡単でおいしいっていうのいいね。

Ⓐじゃあ、何かのメニューが復活するかも、ってことで楽しみにしていま〜す！

──今日はありがとうございました。

いがらし ろみ（左）／菓子研究家。romi-unie代表。フランス菓子を東京とパリとアルザスで学ぶ。料理学校を経て、カフェのメニューをプランニングしたり、フードユニットROMYMiERのフードイベント開催が話題になり、菓子研究家となる。2004年に鎌倉に「ロミ・ユニ コンフィチュール」を開店。緒方 三枝（右）／アパレルから料理の世界へ20代後半で転身。ディモンシュのお菓子担当やフードユニットROMYMiERのフードイベントなどで活躍。2人の子育てを経て、現在はromi-unieでろみさんと一緒に働いている。

2022年のクリスマスは
CHAJIN作の大きなリー
スに小山千夏さん作の
陶器の飾り。

25年以上変わらない
ディモンシュのクリスマス。

千夏さん作のオーナメントが
飾られたにぎやかな店内。

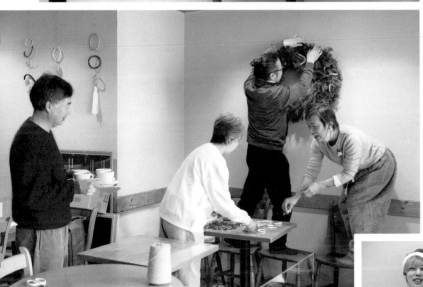

24、25日のみ見られる
マスターのサンタ姿。

搬入の日は私たちもお
手伝い。みんなでワイ
ワイ飾りつけます。

クリスマスの大人気
スイーツ、ロミ・ユ
ニ コンフィチュー
ルのザッハトルテは
すっかり定番に。

スタッフも24、25日はこんな感じです！

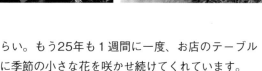

ディモンシュの花関係を長年担ってくれているフラワーアーティストのCHAJIN。見かけによらず（笑）、ロマンチックな花活けが人気です。

　先輩でアーティストの小山千夏さんにお店でクリスマスの展示をしてもらうようになって26年が経ちました。初めは千夏さんだけでしたが、その後、毎週、ディモンシュのテーブルに花を飾ってくれる友人のフラワーアーティストのCHAJIN（チャジン）もクリスマスの展示に関わってくれるようになって20年以上が経ちます。

　お店のテーブルに花を飾ろうと思ったのは、季節を感じてもらえたらいいなということと、料理がくるまでの時間のお楽しみとして小さな花を置こうと思ったことからでした。CHAJINにお願いしていたのは、料理の邪魔にならないものを、ということくらい。もう25年も1週間に一度、お店のテーブルに季節の小さな花を咲かせ続けてくれています。

　ところでクリスマスですが、毎年こちらから何かテーマをお伝えすることもなく、千夏さんが考え、生み出したものが飾られるわけですが、あるとき今年のテーマは何なのか聞いてみると、ずっと20年以上同じで「世界平和」との返事が返ってきました。そんな壮大なテーマでお店のデコレーションがされていたんだと思うと驚きましたが、なんだかすごいですよね。しかも、この搬入に至ってはもう何十年も時間と日にちを決め、今年は大ぶりなのか、小ぶりなのかを確認するくらい。具体的なことは何もわ

鎌倉駅からすぐの場所でfabric campという生地屋さんとオーダーの洋服屋さんを営んでいる小山千夏さん。アーティストでもあります。

からず、その日に何がどうなってくるのかがわかるんですが、毎年、千夏さんの作るものは、僕らの期待を裏切ることなく、予想以上の驚きと感動があります。とにかく千夏さんの発想はすごい。ちなみに2022年のクリスマスオーナメントは陶器。CとDの形の陶器はクリスマスの「C」と12月（December）の「D」かと思ったら、Chajin、ccinatsu、Chika、Cafeの「C」だそうで、「D」はシンプルにディモンシュでした。

　かつてはCHAJINがオレゴンからツリーを仕入れ、それが入り口近くにどーんと飾られていましたが、輸入の関係でここ数年はCHAJINが作る大き

なリースに落ち着きました。クリスマスが終わってからもこのリースは大事に家に飾っています。

　コロナ禍だった2020年から元気を出そうとはじまったサンタスタイルも、すっかり定着しました。近くでジャムとチョコレートのお店をしているロミ・ユニ コンフィチュールが作ってくれるザッハトルテも、クリスマスといえばの恒例のスイーツになりましたし、2022年からは、このスイーツに加え、お菓子とコーヒーのセットが楽しめる、ロミ・ユニ コンフィチュールとのコラボ「Happy Holiday Box」もスタートし（詳しくはP137）、クリスマス後も、年末年始へと盛り上がりが移行していきます🅣。

母との二人三脚。

　1993年の年末、鎌倉に物件探しに来た母と姉がこの物件をみつけ、不動産屋さんと交渉の末、ようやく僕でもギリギリ借りることのできる（それでもずいぶん背伸びをしたけれど）金額になり契約、今に至ります。

　当時の僕は、美術作家の永井宏さんと交流があり、カフェをやることについても相談していたので、場所は永井さんがギャラリーをやっている街、葉山がいいかなとも思っていましたが、その少し手前の鎌倉には、子どもの頃に史跡を訪ねて散策、研究をし

た思い出もあり、自然と母と姉が決めてきたこの流れがすんなり入ってきたというのも、この場所を決めた理由です。

　20代半ばの僕は、大学卒業後に勤めたデパートを辞め、東京 渋谷のカフェに修業に行き、40歳くらいになったらカフェをオープンしようと思っていたわけですが、母にそのことを話したら「今やったらいい」と返ってきました。そのほうがたとえ失敗したとしてもやり直せるからというのが大きな理由でした。そして母は、「私が調理師免許を持ってい

るから一緒にやろう」と言ってくれたんです。あとから母に訊くと、オープンした当時は本当に暇で、心配だったと。でもそんなことおくびにも出さず、母は厨房に立ち、若い人たちに囲まれながら楽しそうに料理を作っていました。知らなかった言葉やハーブのことなどを教えてもらえるのが楽しいと、よく言っていた母には、新しいことをいろいろ考えてもらいました。

母は某食品会社で働いたのち、僕が幼稚園に通っていた頃は、幼稚園の給食を作りながら農大の講習会に通うなど、食について熱心に学んでいたようです。そんな母が今も人気のメニュー、ゴーフルとオムライスの軸を作ってくれました。昔は母考案のハヤシライスもあり、それも人気でした。母との二人三脚は、そんな感じで1994年のオープンから、2000年に僕が結婚するまで続きました。

「私はね、息子にかけてみようと思ったのよね。お店を借りるときの保証金もあったから、もしも失敗したら、と息子はプレッシャーだったかもしれない。でも、私は失敗したらまたやり直せばいいと思っていたから、気にしなかったの。商いは一度はじめたらそう簡単にはやめられない。はじめてから1年半くらいは本当に暇でね（笑）。でも、私はいずれ良くなると思っていたの。そうこうしているうちに世の中はカフェブームになり、少しずつお店にもお客さんがいらしてくださるようになって、雑誌のね『カフェグランプリ』で準優勝をいただいて。電車の中吊り広告に、お店の写真と名前が出ていたときは本当にうれしかった。応援してくださる皆さんのおかげだなぁと、思ってね。カフェで息子とともに働いていた時間は、懸命に働く息子を近くで見ていられたことが幸せだったし、若い人たちに交じって、たくさんのことを吸収できたのも楽しい、幸せな時間

でした。今でもよく思い出すのは、永井宏さんがカウンター席に座ってエスプレッソを飲んでいたこと。永井さんが私のことを本に書いてくれたこともあって、うれしかったわぁ。ここは私にとって実家のようなもの。ここに来るとホッとする。私が言うのもなんですが、息子はお母さん子だったので、今もずっと仲良し。息子の反抗期は、そうねー、1日だけだったかな（笑）。歴史が好きで鞍馬寺に行ったりね、卒論の武田信玄と北条の資料集めとかにも参加させてもらってきましたよ。高校生のときの駅伝大会も欠かさず見に行って応援していました。追っかけみたいに（笑）。お店をオープンした頃はすぐつぶれるなど心ないことを言う人もいたけれど、息子はそれをバネに努力し続けてきたと思います。東日本大震災のときも、コロナ禍のときも、変わらず、お店としての姿勢を崩すことなくやり続けてきました。続けるって、本当に大変なことだから、それにはいつも感心します。息子じゃなかったらここまでできなかったんじゃないかなと、親バカですけれど思います。息子は私の誇りです」

現在92歳の母は、当時のことをインタビューしてくれた編集さんに恥ずかしながらそんなふうに話をしていました。母が僕とお店をスタートしたのは母が62歳のとき。その傍ら、大正琴を教えていたので、僕が結婚してからは千佳ちゃんにバトンを渡し、孫の塾の送り迎えをしながら、引き続き大正琴を教えていました。ようやくゆっくりとした日々を送っているようですが、今もときどき、お店の前で順番を待つ列に交じって並んでいたりするので、カウンターでコーヒーを淹れながら、びっくりして二度見してしまいますが、そうやって様子を見に店にコーヒーを飲みに来てくれてうれしいです🅣。

マスター堀内隆志を形成するもの。

これは高校時代の駅伝の記念写真。1983年〜1985年のもので、東京都高等学校駅伝競走大会のときに、大井ふ頭中央海浜公園陸上競技場公認マラソンコースや埼玉東松山森林公園公認コースで撮影したもの。

長距離ランナーだった。

　中学、高校と陸上部でした。専門は中長距離。瞬発力はあまりありませんが、淡々とやるのは嫌いじゃない。むしろ一定のリズムで長く続けるのが得意でした。しかしずっと同じペースで走っているわけではなく、上り坂、下り坂でスパートをかけることもあります。そのペース配分は好きになったものに出合ったときに夢中になったり、追求することにも表れていたと思います。

　小学生時代に訪れた源義経ブームでの寺社仏閣巡りにはじまり、小中学時代から今も続くプロレスブーム、フランス文化に強い影響を受けていた頃はフランス映画のロケ地を訪ねたり、フランスのカフェ風のメニューを考えたりしていました。ブラジルに傾倒していったときも同じで現地に赴くのはもちろんですが、メニューにブラジル料理が増えたり、グッズを作ってもらったり、好きなミュージシャンの自宅に宿泊させてもらったこともありました。

　そういえば、お店をはじめた頃、カフェオレがもっとおいしくなったらいいなと思い、伊勢原の牧場まで牛乳を買いに行っていたこともありました(笑)。その話を友人にしたら、今の水を求める姿と変わらないと言われ、確かにそうだなと思いました。その原動力となっているのは、その先を知ってみたいという好奇心。

　陸上部時代の練習はキツかった思い出がありますが、そのときの我慢強く続け、ここぞというタイミングでスパートをかけ、その結果がタイムとして現れるという経験が知らず知らずのうちに活かされているのかもしれませんね❶。

お店の名前を入れた名刺。沼田元氣さんに写真
を撮ってもらい、デザインもしてもらったもの。

好きな本、雑誌。

　好きな本、雑誌はいろいろあるけれど、自分の人生に影響を与えた好きなもの、今のディモンシュをつくってきたものというと、これらかなぁと思います。ブラジルへと大きく舵をきる理由となったブラジル音楽のことについてまとめた本、ナラ・レオンを特集したタブロイド判のブラジルの雑誌、映画とパリガイドの本は、フランスのカフェと映画にハマってこの本を手に旅したもの。千佳ちゃんとの共通の趣味であり、結婚のきっかけにもなった!? プロレスについてのもの。MEN's BIGIが発行していた伝説の雑誌『VISAGE』。そして、永井宏さんと岡本仁さんがオープン直前のディモンシュのことを書いてくれた1994年の雑誌『BRUTUS』も大切なものです❶。

＊すべて著者私物

リオデジャネイロに住んでいる友人に送ってもらった、ナラ・レオンを特集している60〜70年代のブラジルの雑誌。1984年にナラ・レオンが亡くなったときの号も。なかなか読むことのできなかった内容のことも現地のその時代の雑誌を読み解くことで知ることができ、より一層、ナラ・レオンを知る機会となったもの。深く知るには当時の発言を読み解くしかなかったんです。

1.ジャック・ドゥミが1961年に発表した映画『ローラ』のパンフレット。ジャック・ドゥミのデビュー作でもあるこの作品は、主人公の踊り子ローラを中心に繰り広げられるラブストーリー。ジャック・ドゥミ好きの僕ですが、これはなかでも特に好きな作品です。
2.1993年刊とんぼの本『映画で歩くパリ』。発売してすぐに購入し、これを頼りに好きな映画のロケ地や名シーンに出てくるパリの場所をあちこち巡りました。
3.『domingo music for sunday lovers』。1967年に発売されたカエターノ・ヴェローゾとガル・コスタの"日曜日"というタイトルのブラジルのレコード「domingo」に出合ったことからはじまった、雑誌『relax for GIRLS』の連載をもとに、小野郁夫さん、小柳帝さん、ケペル木村さん、小山雅徳さん、村主智樹さん、片岡知子さん、そして僕がそれぞれに日曜日に聴きたい一枚を選んだミュージックレビュー。2006年刊。
4.『NARA LEÃO〜美しきボサノヴァのミューズの真実』。僕が一番好きな歌手、ブラジルのナラ・レオンの没後20周年記念に出版された本。著者はセルジオ・カブラルさんで、日本版の訳はディモンシュでポルトガル語講座をしてくれている荒井めぐみさん。僕は監修を担当しました。コパカバーナの少女時代から、激しい恋、ボサノヴァ誕生期の真相、映画監督との結婚、パリでの生活、闘病の日々まで、ひとりの女性の壮絶な闘いの記録。2009

年刊。
5.『激突 新日本プロレス vs UWF インターナショナル 全面戦争』1995年10月5日に東京ドームで行われた大会のパンフレット。イベントは武藤敬司VS髙田延彦でした。CHAJINと観戦しました。パンフレットについていた当時のシールも大事にとってあります！
6.永井宏さん、岡本仁さん、沼田元氣さんという僕にとっての3人の伯父さんが関わっていた雑誌『VISAGE』。ジャック・タチ特集。「ぼくの伯父さん」で学んでいたのは、パリのエスプリと格好良さ。それとユーモア。僕は幼い頃から自分はこうじゃないと、という気持ちが強かったと思います。だから多数決で何かを決めることに違和感があったし、大多数の意見に流されることへの反発心みたいなところからサブカルチャーへと惹かれていったところがあると思います。お店自体の成り立ちもそう。バブルが崩壊し、カフェバーといったものが元気な頃で、喫茶店が衰退していく時代にあえて社会に反発して、その時代に自分の好きなものを投入した空間をつくろうと思ったわけですから。
7.1994年刊の『BRUTUS』。特集は「湘南プロヴァンス」。湘南に暮らす人たちの日々が垣間見える記事は今読み直しても楽しいし、永井宏さんと岡本仁さんが語る湘南暮らしののんびりした空気がなんともいい。僕のお店の、オープン直前のことも書いてくれていてうれしかったなぁ。

永井宏さんの著書『海を眺めていた犬』に収録されている「マーガレットティールーム」という作品は、僕がカフェをつくろうと思ったきっかけとなったもの。そしてこれはそのときに描かれた絵「マーガレットのティーポット」。大事にしています。

永井宏さんからはじまった。

　美術作家で、編集者で、ライターでもあった永井宏さんに出会ったのは1988年。某デパートの宣伝部でアルバイトをしていたとき、そこでお中元の催事のビジュアルを担当していたのが永井さんでした。実際に話をするようになったのは翌年の89年で、僕が慕っていた社員の町田靖さんという方の紹介からでした。学生だった僕は、その町田さんの影響が強く、憧れもありました。初めて永井さんと話したのは、町田さんの三浦の別荘で友人たちと映画を観ていたときのこと。ウインドサーフィン帰りの永井さんがそこに立ち寄ったときでした。そこから映画や音楽のことなどいろいろ話をするようになり、卒業後は音楽を仕事にしたいと話したら、以前から僕が興味をもっていたファッションショーで音響空間をコーディネートする会社を紹介してくれたりしたこともありました。残念ながら新卒の僕が就職するには難関だったため、僕は流通の会社に就職をしましたが。

　そんなわけで卒業後は横浜のファッションビルの中のお店に立ち、毎日、洋服を販売する日々。これでいいのかと自分の人生に自問自答するなか、就職して2年か3年目に、社内で若手たちの考えた懸垂幕案が採用され、永井さんの作品を起用することになりました。そこから永井さんと話をする機会が増えていき、しばらくした頃、永井さんから葉山に「サンライトギャラリー」というギャラリーをオープンするという葉書が届きました。自分の人生について悩んでいたこともあり、僕は時間ができると永井さんのギャラリーに通うようになります。そこでさまざまな人たちと出会い、湘南で暮らす人々の生き生

きとしている姿に、自分もこう生きたいと思うようになっていきました。同時に、休みができるとフランスにもよく出かけ、ますます自分の生き方を考えるようになっていったんです。

　あるとき、そんなふうに仕事に気持ちが入ってなかったこともあってか、会社で大きなミスをしてしまいました。ちょうど、そのときに読んでいたのが「マーガレットティールーム」という永井さんが書いたエッセイです。それで僕は、次に流行するミニスカートの素材を考えたり、チェックしたりするのは自分には向いてないなと思うと同時に、ちゃんと好きなことをやりたい、と人生を考え直すんです。あれから30年、歳を重ね、今となってはそういう経験も、オリジナルグッズを販売することへとちゃんとつながっているなと思います。

1993年、デパートに就職した僕が、同期の若手たちとともに集結してやった初めての仕事で、永井さんの作品を起用して広告を作ったことがありました。これはそのときの作品です。

永井さんの絵が描かれた巣箱は僕が就職した
1990年代の初め頃に永井さんが作っていたもの
で、これは他界されてから買い求めたもの。

発する言葉の重み、強さ、印象。永井さんの言葉
にはいろいろ思うことがあります。これも永井
さんが他界されてから購入したもの。

永井さんは「堀内くん、イメージが大事だよ」と
よく言っていました。1993年、僕は会社を辞め、
渋谷にあったトルコ料理とロシア料理を出すお店で
働きながら、永井さんの本や書いた文章を読みまく
りました。特に92、93年は濃い年で、雑誌『Gulliver』
で永井さんが書いていた記事を読んで、それをたど
るようにして自分もパリを旅したりしていました。
その記事のタイトルが「日曜日が待ち遠しい!!」だっ
たんです。92年はこの映画の音楽を担当したジョ
ルジュ・ドルリューが亡くなったタイミングでも
あったので、敬意を表したということもあったよう
です。

1994年、僕が母とふたりで、鎌倉のこの場所で
お店をオープンするにあたり、永井さんはいろいろ
アドバイスをくれました。そのひとつがお店の名前。
「café vivement dimanche」にしたのは、いくつか
考えていた名前を言ったら、永井さんがこれがいい
んじゃないと。以前、雑誌『Gulliver』で読んだ特
集が僕の頭の中に蘇ってくると同時に、僕は自然と
「そうですね、これがいい」と思いました。永井さん
がいなかったら、今、僕はマスターじゃなかったか
もしれないし、このお店はなかったと思います🅣

晴れの日と曇りの日が
描かれたボックス。こ
れも永井さんが他界さ
れてから購入したもの。

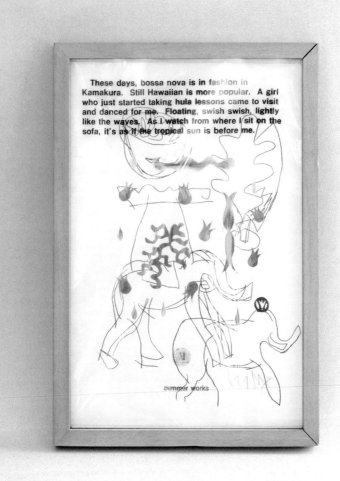

These days, bossa nova is in fashion in Kamakura. Still Hawaiian is more popular. A girl who just started taking hula lessons came to visit and danced for me. Floating, swish swish, lightly like the waves. As I watch from where I sit on the sofa, it's as if the tropical sun is before me.

summer works

僕がこの絵を購入したのは、絵の上に書かれた言葉がディモンシュの活動を指しているもので、これは自分で持っておきたいと思ったからです。当時はちょうど、僕がブラジル音楽に傾倒していた頃で、それに対し、永井さんはボサノヴァよりも、海の近くの街、鎌倉ではハワイの音楽に親しむ人が多い……みたいなことを英語で書いていました。鎌倉、ハワイ、ボサノヴァ、トロピカル、太陽、フラなどの言葉も当時の雰囲気にとても合っていたように思います。この作品展は永井さんの『Summer Works』という本の発表に合わせて開催されたものでもありました。

「マーガレットティールーム」が収録されている永井宏さんの著書、『海を眺めていた犬』（トレヴィル刊）。

Music。

　中学、高校の頃から音楽好きで、大学卒業後も音楽関係の仕事に就きたいと思っていたくらいさまざまな音楽に興味をもって聴いてきました。ヘヴィメタルやハードロックに夢中になっていた中学生の頃にはギターを買ってもらいながら、数日間だけあった反抗期に上達しないジレンマで、そのギターを叩き割るなんていうことをしたこともあります。

　好きな音楽を聴いていたところから音楽への価値観が大きく変わったのは、大学時代アルバイトをしていたデパートでのことです。そこではディスプレイに合わせてBGMをつけていました。このときに音楽の使い方やあり方を発見したというか、こういう使い方があるのかと衝撃を受けました。空間に音楽をつけることによって、空気が変わる瞬間があって、映画音楽などもそうですが、こういう音楽の選び方もあるんだなぁと感じました。

　自分がカフェをオープンしたら、以前デパートで感じたような空間における音楽の力、あれがお店でもできるなと思いました。天気や時間帯、お店にいる人たちの雰囲気などによって音楽を変えることで、さらに居心地が良くなるような。それが当時フランスで買い集めていたレコードでまずやりたいこ

＊すべて著者私物

＊すべて著者私物

選曲と監修をしたCD「鎌倉のカフェから」は2013年からスタートした5枚出ているシリーズで、ブラジル音楽がメイン（すべてランブリングレコーズ）。＊友人たちと選曲したブラジリアンソウル＆ディスコシリーズ「Terça」（SAPPHIRE（インパートメント）、EMERALD）（©ソニー・ミュージック レーベルズ）。

「music diary」は、12ヶ月をテーマに僕が全編通して監修といくつかの選曲をしたシリーズ。january〜sweet、february〜with Love、march〜primavera、april〜new life、may〜windy、june〜souvenir、july〜summer island、august〜seaside、september〜travel、october〜book、november〜coffee music、december〜christmas time

7インチ。コーヒー＆ミュージック・シリーズの3作目。ブラジルの友人ダニ・グルジェルとチアゴ・ハベーロに依頼して完成したアルバム『COFFEE ＆ MUSIC 〜 NOVOS COMPOSITORES 』からの先行シングル（ランブリングレコーズ）。

とでした。

　お店がはじまると、さまざまな人たちとの出会いがあり、音楽の嗜好もフランスからソフトロック、そしてブラジルへと移行し、少しずつ音楽も仕事につながっていくようになりました。初めて選曲・監修したのは、2002年のナラ・レオンの活動期を曇りと晴れの天気に分けた2枚のコンピレーションCD。その後もありがたいことに、さまざまな方々のプロデュースや選曲、監修などに関わってきました。聴く音楽の中心はやはりブラジルです。今は深夜焙煎の合間に聴いています。

　自分が心地よい時間をすごすために聴くのももちろんですが、いい音楽に出合うと誰かに紹介したくなるので、好きな曲がたまるとプレイリストもよくつくります。選曲するという作業は中学生の頃からしていたことなので苦になりません。ほかにやらなきゃいけないことがあるときほどプレイリストをつくりたくなるのは、なんなんでしょう。あとグッときた曲をラジオで紹介するのもライフワークになっています。

　今はほとんど配信で聴いていますが、音楽との関わり合いは今後も変わらないと思います⊤。

*すべて著者私物

1	2	3	4
5	6
7	8	9	10
11	12	13

1-2. CD「Coffee & Music」シリーズの選曲、企画を担当。畠山美由紀さんと小池龍平さんバージョン（2012）とGiana Viscardi & Michi Ruzitschkaバージョン（2009）があります。3-4. 黒木千波留さんのCD「過ぎ去りし日の...」。解説は小柳帝さん。「バラとひまわり」Arthur&Sabrina（2010）。ともにプロデュースをしました。5.「BAILE FUNK」（2005）ブラジルの旬の音を伝える、踊れるコンピレーションアルバム。選曲と監修を担当しました（以上ランブリングレコーズ）。6. 選曲と解説を担当したブラジル音楽のアーティスト別のコレクション。「MUSIC FOR SUNDAY LOVERS」～DOMINGUINHOS（©ソニー・ミュージックレーベルズ）。7. 心地のいいタオル屋さんから発売された「伊織と音楽」（2015）では選曲を担当（ランブリングレコーズ）。8-10. 博多のホテル「WITH THE STYLE」（2004、2005）のCD。博多のLOVE FMで番組をやっていた頃に作ったもの。「QUANTIC SOUND」（2015）も（以上wooly arts）。11-13. ブラジルのビーチサンダルブランド、ハワイアナスのCDシリーズ（2004～2006年）。選曲を担当しました（以上ランブリングレコーズ）。

「THE SOUND OF IPANEMA」～Paul Winter
with Carlos Lyra
(©ソニー・ミュージックレーベルズ)

「O Compositor E O Cantor」～Marcos Valle
(©ユニバーサル ミュージック)

「Domingo」～Gal e Caetano Veloso
(©ユニバーサル ミュージック)

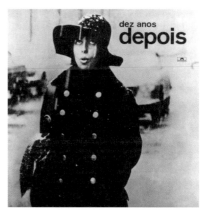

「Dez Anos Depois」～Nara Leão
(©ユニバーサル ミュージック)

好きなレコードを見せてくださいという編集さんたちからのリクエストでまとめたもの。
まだまだ好きなものはありますが、特に気に入っているものはこんな感じです。
ほかにも以下のようなものがあります。

＊「SHARON」～Sharon Forrester
＊「Série Depoimento Vol.2」～Radamés Gnattali Sexteto
＊「High Winds White Sky」～Bruce Cockburn
＊「Gilberto With Turrentine」～Astrud Gilberto
＊「Gonna Take A Miracle」～Laura Nyro and Labelle
＊「India Song Et Autres Musiques De Films」
　～Carlos D'Alessio/Marguerite Duras
＊「From The Meticulous To The Sublime」
　～Blossom Dearie
＊「Braziliana」～Luiz Bonfa & Maria Toledo

＊「Vivement Dimanche! (Bande Originale Du Film)」
　～Georges Delerue
＊「Un Homme Et Une Femme (Bande Originale Du
Film De Claude Lelouch)」～Francis Lai
＊「Nara Leão」～Nara Leão
＊「Caminho」～Walter Santos
＊「Como & Porque」～Elis Regina
＊「Os Meus Amigos São Um Barato」～Nara Leão
＊「Quem Tem Bossa Faz Assim」～Geraldo Cunha
＊「Jeanne Moreau」～Jeanne Moreau

＊「ジャック・ドゥミの少年期」のポスター。フランスのメトロ構内に貼られる大きなサイズ。ディモンシュ開店時にはコレクションしていたポスターを定期的に壁に貼っていました。こうして改めて見ると壮観ですね。＊「ファブローゾ・フィッティパルディ」という伝説のF１レーサー、エマーソン・フィッティパルディの生声＆轟音入りの映画のポスター。18年前、サンパウロのレコードショップに貼ってあるのを見て以来、いつか欲しいと思っていて、ある日、ブラジルのオークションに出ているのを発見し、現地に住む友人にお願いして落札してもらったもの。映画の中の曲を全曲、マルコス・ヴァーリが作曲しているということで、2019年、日本で行われた彼のライブの際にこのポスターを持参し、マルコスとアジムスにサインを入れてもらいました。

フランスとブラジル。

食や文化的にも、音楽や映画などにおいてもハマった国、フランスとブラジル。フランスは映画が、ブラジルは音楽がきっかけだったように思います。フランスは長い歴史のなかでも、カフェが重要な役割を占めてきた国。映画のなか、音楽のなか、食のシーンでも欠かせない場所だし、人との関係を深める場所としても、何かが生まれる場所としても重要な役割を果たしてきたところだったと思います。それは、デジタルの今の時代においてもあまり変わらないことのように思います。

一方ブラジルは、コーヒーを語るうえで欠かせない場所であり、僕の人生のなかでおおいなる役割を占める音楽を知るうえでも大切な場所です。そんなふたつの場所に魅せられ、今に至ります🅣。

My Book。

ありがたいことに今まで何度か本を書くという機会がありました。文章を書くというのは、自分のことを見つめ直し、考える時間でもあります。今も、雑誌でエッセイを書いたり、音楽のレビューを書いたりしていますが、やはり一冊丸ごととなるとかける時間も違ってきますから、そのぶん思い入れも重なってきます。

お店をオープンしてから12年後にそれまでを振り返った『コーヒーと雑貨と音楽と』は、神奈川県藤沢市が実家の編集の方にお声がけいただいて書いたもの。ディモンシュのほか、ブラジル雑貨のお店「dois」、CDショップ「claro」の3店舗を切り盛りしている頃のことを書きました。

『コーヒーを楽しむ。』は、焙煎をはじめて少ししてからの本で、コーヒーの淹れ方、楽しみ方について書いたものです。そのほかにも、ディモンシュのフリーペーパーをまとめたものや共著のものなどもいくつかあります🅣。

撮影：関めぐみさん、デザイン：なかよし図工室。2013年、主婦と生活社。シンプルにコーヒーと向き合った一冊。

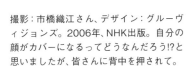

撮影：市橋織江さん、デザイン：グルーヴィジョンズ。2006年、NHK出版。自分の顔がカバーになるってどうなんだろう!?と思いましたが、皆さんに背中を押されて。

福田利之さんの絵。

イラストレーターの福田利之さんは、彼が大阪在住だった頃からの知り合いで、僕と同い年。永井宏さん経由の大阪の友人たちのひとりでした。イラストを描くことを生業にして活躍されていることは聞いていましたが、あるとき再会し、僕が手がけるCDのジャケットのイラストをお願いしました。

ファンタジーのなかにも、あたたかさとシニカルさ、そして少しのユーモアのある作品は幾重にも塗り重ねられていて繊細で、独特の世界観を持っています。近くで見ると驚く質感です。色彩のセンスもすばらしく、アルバムのイメージを汲み取って素敵なジャケットにしていただきました。原画は宝物です。福田さんは大きな会場で個展を開くほど活躍されています❶。

僕がプロデュースしたアルトゥールとサブリナのCD「バラとひまわり」のジャケットで使われた原画の裏（左）と表（右）。

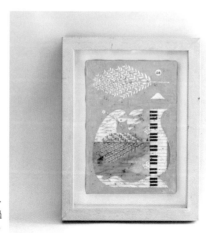

これも僕がプロデュースした黒木千波留さんのCD『過ぎ去りし日の…』のジャケットに描いてもらった原画。

森本美由紀さん
のポスター。

グルーヴィジョンズ デザインの通称「マリコ」という名のポスター。「万事快調」というフランス語がデザインされています。黄色の色が当時のディモンシュの壁の色とリンク。

ポップな色合いの10周年のポスター。

雑誌『カフェ スイーツ』の連載初回時、森本美由紀さんに描いてもらったイラスト。タマちゃんとは玉ねぎのことで、当時、友人たちと作っていた同人誌『Summer Store』（右）でも同じイラストで連載をしてくれていました。

ディモンシュのポスター。

　紙もの好きだったので、お店のポスターを作りたいと漠然と思い、オープンして2年目くらいにグルーヴィジョンズにお願いして作ってもらったのがこの黄色いポスター。

　イラストレーターの森本美由紀さんの本の発売の展示で作ってもらったポスターもありました。森本さんにはポスターとは別に、雑誌『カフェ スイーツ』の連載がはじまるときに"タマちゃん"という玉ねぎのイラストを記念に描いてもらったこともありました。

　10周年のときには小野英作さんにTシャツと同じ絵柄のポスターを作ってもらいました。周年記念でポスターを作ったのはこれが初めて。25周年のときには雑誌『Hanako』の表紙をプリンパフェが飾り、そのポスターが鎌倉駅に貼り出されました。あのときはうれしかったなぁ。当時のポスターは今も額装して家に大事に置いてあります🅣。

Olive が好きでした。

　私、オリーブが大好きでした。

　雑誌『オリーブ』を買いはじめたのは1986年くらいから。オリーブって何!?と聞かれたら、少し大げさですが、自分にとってのマインドであり生き方の見本のようなものでした。目立つのはあまり好きではありませんでしたが、人とはちょっと違う変わった人になりたかった私にとって（自意識過剰ですねぇ）オリーブはバイブルそのもの。誰かの目を気にすることなんてない、自分は自分でいいじゃないか、自分のしたいことをしよう。オリーブにはそんな自由な風が吹いていて、毎号ワクワクしていました。提案されていること、紹介されていることがいつ見返しても新鮮なので何度も読み返しては、空想に耽っていました。

　卒業後に就職した会社を辞めた私は、オリーブで知り、通い詰めていた下北沢の雑貨屋にアルバイトで入りました。そこでの毎日は、お給料は安かったですが、それを補う余りある刺激と楽しさに溢れていました。誰かと知り合って好きな雑誌がオリーブならもう気持ちは友達です。オリーブが好きというのは、そこで紹介されるファッションや映画や音楽などのカルチャーも好きということですから、気が合う確率が高いに決まっています。

　その後、オリーブに連載を持っていたある方の大ファンだった私は、その方がアシスタントを募集していると、ページの下のほうに小さく書かれているのを見逃さず、編集部宛に手紙を書いて、その方の事務所で職を得ることができました。それも懐かしい思い出です。

　オリーブにはディモンシュも、ディモンシュと関係の深い人もよく載っていたので、結婚してディモンシュを手伝うようになると、憧れていた方々と言葉を交わすようになり、さらに大きな影響を受けました。飲食の経験も知識も技術もありませんでしたが、やってみてダメならそのとき考えればいいかなと前向きにいられたのも、オリーブのおかげです。もうそうとう歳をとりましたが、いつも側にあったオリーブはいつまでも手放せそうにありません◯。

1998年の9/18号、カフェ グランプリで
ディモンシュが準グランプリをいただいた号。

©マガジンハウス

絵や写真、作品を買う。

インテリアや家の中のことを考えるのが好きなので、自然と家にいるときに目で見てうれしいものを買うようになりました。特に、展示を見に行ったときにこれが家に飾ってあったらいいなと思って絵や写真を買うのですが、場所が決まらずしまったまま のものもあるので、いつか今まで購入してきたものを飾って、眺めたいです。作品を選ぶポイントはなんですか？とたまに訊かれますが、何回見てもこれとても好き、という気持ちだけで選んでいます。あとは作家さんを応援したい気持ちでしょうか◎。

1本の木から削り出して作られたチェーンは、金沢に行ったときにみつけたもの。本当につなぎ目がなくてすごい！と思い、ひと目惚れして思わず手にとってしまいました。トイレの入り口脇に飾っています。

（P92左上から）＊小野セツローさんの作品。＊2007年に発売されたハワイのガイド＆エッセイ『Aloha Book』の発売記念展示で購入した写真家 市橋織江さんの作品。ワイキキビーチを上から撮影したもの。＊ソール・ライター展で購入した平松麻さんの作品は、ソール・ライターのアトリエの一部を切り取った絵。＊お皿の上にいちごが描かれた黒坂麻衣さんの作品「夢の中の風景」。＊さもゆりこさんの作品は、「犬とおじさん」という展示で購入。＊ジョタ・ボルジェスの最初に買った版画「庭仕事をする娘」。

こうして並べると、自分はポップなものが好きなんだなぁ
と思います。ディモンシュトレーナーは久しく作ってい
ないので、そろそろポップなのが欲しいですね！ⓒ

仕事着。

　動きやすい、気軽、着心地などの理由から、トレーナーはいつしか私の仕事着になりました。1年中、平日、家を出るときはだいたいトレーナーで、その下にお店のTシャツを着ています。

　トレーナーを選ぶときは、シンプルだけどかわいいもの、おもしろいものを選ぶことが多いです。毎日、トレーナーとパンツという同じような格好をしているので、少しでも毎日を楽しくしたいというのがその理由です。こうして並べてみると、若かりし頃やりたかった古着屋さんみたいで、なんだか楽しくなります◉。

マスターの課外活動。

自宅の水のペットボトル専用棚。
全国各地の名水が続々と増加中。
お土産にいただいたりも。

日頃の疲れもどこへやら。秦野の新鮮な空気を吸うと、なんだか元気になり生き生き！

名水にふれるという
のも、体にいいよう
な気がしています。

右／以前から気になってい
た「手打そば くりはら」で、
そばを堪能。やっぱり水が
おいしいところのおそばは
違いますね。下／二宮の喫
茶店「山小屋」で休憩。思
わず笑みがこぼれます。

名水ハンター。

　休みの日は名水巡りでリラックスすることが多くなりました。

　毎年5月にビルの屋上にある貯水槽の掃除があり、3年前から水道の水の味が変わってしまいました（毎日使っているものだから少しの変化でもすぐわかりました）。それがきっかけで、浄水器のカートリッジなど、水に関していろいろ試すようになったり、純粋に水に興味が湧きまして、全国で1位になるほどおいしいといわれる秦野の水がこんなに近くにあるのならと、出かけてみたらすっかりハマってしまったというわけです。

　秦野の湧水群は、まわりきれないほどたくさんあります。なので、僕らは休みになると少しずつ行ったことのない名水を求め、ドライブするようになりました。いつしか汲んできた水でコーヒーを淹れ、味わいを話すのが休みの日の日課にもなりました。わかってはいたけれど、水によってこんなにも味わいが違うという事実には正直驚きました。水で変わるという話もよく聞くことですが、考えてみればコーヒーの98%〜99%は水ですから、変わるのは当たり前なんですが、それにしてもなのです。

　今、お店で出しているマスターズセレクトというコーヒーは、豆は中深煎りのトップグレードのもの、水は秦野の名水をボトリングしたものを使用しています。秦野で自宅用の水を汲み、山のクリアな空気を吸って、リフレッシュ。二宮の山小屋という喫茶店に立ち寄ったり、温泉で疲れを癒したりするのが、名水巡り後の楽しみになりました。

　そうそう、よく行く温泉、天山湯治郷の温泉は名水なんですよ。しかも飲めるんです。温泉内のカフェのコーヒーはその水を使っているからか、やわらかい味わい。同じく温泉内のレストランのしゃぶしゃぶもおいしい！　そんなことからも水のおもしろさを知りました。もちろん、秦野市内で飲むコーヒーはおいしいです。

　きっかけは遊び心からでしたが、コーヒーへとつながっていく課外活動。秦野に限らず、日本全国各地の名水を探訪するのが、今後も楽しみです🅣

ポッドキャスト&ラジオ。

2016年からFMヨコハマの『SHONAN by the SEA』でコーヒーと音楽のコーナー「by the sea, COFFEE&MUSIC」を担当するようになり8年になります。毎週日曜日は、朝4時起きでスタジオに向かい、DJの秀島史香さんとスタッフに今週のコーヒーを淹れ、それを飲んでもらいながらコーヒーと音楽について、ダジャレも含め、お話ししています。ブラジル音楽を中心に、新旧問わず、今気になっているものをお届けすることは、実は僕自身が一番楽しんでいるところがあるかもしれません。

また、このコーナーをきっかけに同局でコーヒーについての専門的な話を、同業の方々をお招きしてお話しするポッドキャスト「COFFEE TALK SESSION」も2023年からスタートしました。コーヒー豆のこと、淹れ方、味わい、焙煎のこと、道具など、多岐にわたり、いろいろお話を伺える楽しい時間です。お店の方だけではなく、コーヒーを愛する皆さんの日々のコーヒー時間が深くなる話もたくさんしていますので、ぜひ聴いてみてください🅣

ポッドキャストのスタートを記念して発売したドリップバッグ。僕に極似と評判の、さもゆりこさんのポップなイラストがお気に入りです。ビーンズがかわいい。

これらの作品はこの後、ディモンシュでも展示販売しました。

僕をモチーフにしてくれた作品。

山口カルロス彰男さん、僕、鎌倉御成通りにあるボルジェス木版画の輸入を手がけるコロリーダスの山本康子さんとボルジェスの作品の前で。

ブラジル文化との交流。

音楽から入ったブラジルへの興味はコーヒーへと広がり、それらを担う文化へと続き、今やブラジルに関するさまざまなことが人生に関わりをもたらしてくれるようになりました。ブラジルのペルナンブーコ州の人間文化遺産にもなっている、89歳の版画家ジョタ・ボルジェスの作品との出合いもそのひとつ。現在も17番目の息子で30歳のパブロ・ボルジェスとともに作品を生み出し続けています。

主な作品はブラジル北東部の豊かな民衆文化をテーマにしたもので、ブラジルの大衆文学「コルデル文学」という、紐でぶら下げて販売されていた冊子の表紙なども飾っていたほど、ブラジル人、ブラジル好きな人ならほぼ知っている、見たことがある、という有名なものです。

2023年にブラジル大使館で行われたボルジェスの作品展とブラジルのコーヒー農園、山口農園の豆の輸入を行う「セラード珈琲」の山口カルロス彰男さんのトークイベントで、僕も講演をしました。お店でも販売していたカシャーサ（ブラジルの蒸留酒）を醸造した樽でエイジングさせたコーヒー豆、バレルコーヒーは、山口カルロス彰男さんが輸入しているもの。

こんなふうにブラジル文化とコーヒーをつなぐ交流にも時折、参加させてもらっています🍵。

ふたりをつくってきたもの。

　仕事をするときはもちろん、お休みの日もほとんど一緒にすごすので、気付けばほぼ24時間一緒にいます。もちろん普通にケンカもしますし、意見の相違もいろいろありますが、好きなことや嫌だなと思うことの感覚が似ているのは、人生をともにやっていくうえでよかったなぁと思います。プロレス観戦やよしもと新喜劇などお互い昔から好きだったものが共通しているところも。意外に思うかもしれませんが、プロレスや新喜劇からは元気や笑いをもらっているだけではなく、接客をするうえでの間の取り方やお客さんを喜ばせるエンターテインメント

というところでも勉強になることが多いのです。

　それぞれの趣味（海水浴や歴史探訪）にも付き合っていたら楽しくなり、定番となりました。基本的にお客さんが来店するのを待つ仕事なので、以前は休みの日になると自分たちから刺激を求め、頻繁に都内へ出かけていましたが、今はたまに。コロナ禍で私たちの生活スタイルにも変化があり、近所でリフレッシュすることが多くなりました。鎌倉は海も山もあり自然に恵まれているので、環境としては最高の場所なのではないでしょうか🅣🅒。

お店に、家に、あちこちに貼られたミサワの写真。携帯電話の待ち受けにも。

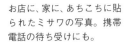

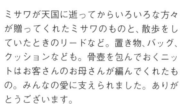

ミサワが天国に逝ってからいろいろな方々が贈ってくれたミサワのものと、散歩をしていたときのリードなど。置き物、バッグ、クッションなども。骨壺を包んでおくニットはお客さんのお母さんが編んでくれたもの。みんなの愛に支えられました。ありがとうございます。

ミサワという家族。

　親友の従兄弟の家で生まれた子が、お店に来て、抱っこさせてもらったら最後。もうメロメロです（笑）。すぐに新しいユニットとして家族になりました。あれから18年、毎日の散歩は仕事後マスターとふたりで出かけていました。

　ミサワは2002年生まれ。18歳まで長生きしてくれた堀内家のパグ。女の子。スイカ好き、りんご好き、梨も好きでした。ご長寿で鎌倉市から3回表彰されました。

　2020年の元日にミサワが天国に逝ってから4年が経ちました。人間でいうと88歳くらいですね。元気なときから友人たちにずいぶんかわいがってもらったミサワ。みんなやさしくて、その後も私たち

が寂しくないようにと、ミサワバッグを作ってくれたり、骨壺にかぶせておくカバーを編んでくれたりしました。本当にありがとう。今も大切にしています。

　家の中には今も自然とミサワの写真をはじめとする、パググッズがいろいろ。100円ショップのパグクッションがかわいくて（笑）。散歩に使っていたリードもまだとってあります。

　ディモンシュのオリジナルマグカップやTシャツなどに登場したこともあって、お客さんたちにも知ってもらえ、たくさんの人たちにかわいがってもらいました。この場を借りて、ありがとうを伝えたいです☺

プロレス。

　小学5年生のときにテレビでタイガーマスクを見たときからプロレスが大好きになりました。お小遣いのほとんどをプロレス雑誌に注ぎ込み、部屋には付録のポスターを貼りまくり、プロレスのテレビ中継があるときは、1人別の部屋でヘッドスプリングの練習をしながらテレビにかじりついていました。

高校の半ばから大学生の頃は小休止していましたが、社会人になってからは全日本プロレスにハマり、三沢光晴選手の出待ちをしたりしていました。今は幅広く観ていますが、当時は全日本プロレスの四天王プロレスに心酔しており、マスターとはプロレスが好きで、なおかつお互い馬場さん派だったからこ

中邑真輔選手はアメリカに行かれる前か
らのお客さんだったこともあり、今も仲
良くさせてもらっています。カメラマン
の長野さんが中邑選手をイメージしてポー
ジングをつけて撮影（笑）。

そ気が合い、今こうして夫婦になっています。
　プロレスは本当に良いんですよ。あらゆるものが
詰まっています。仕事で落ち込んだときにも私たち
に元気を与えてくれるプロレスラーの皆さんが幸せ
でありますように。心から感謝を伝えたいです。
　このずらり揃ったフィギュアは、金沢のコーヒー

のイベントに出店したときに、いつのまにかマス
ターが買っていました。倉庫からわざわざ出しても
らったそうです（笑）。名前がわからない選手もい
るので、私なんかまだまだだなと思います。大切に
しています。

コーヒーミル。

　コーヒーミルは私がなんとなく買いはじめました。もともと古いもの、アンティークのものなどが好きで、古道具屋をのぞいたり、時間があると、ネットでもそういうものを何気なく見ていました。

　コーヒー豆とコーヒー器具、ブラジル雑貨を扱う2号店 dois（現在は閉店）をはじめてからは、よりコーヒー関連のものに目がいくように。古いコーヒーミルをお店のディスプレイに使ったら雰囲気もいいだろうなと、いくつか買っていくうちに、国やブランド、年代によっていろいろなミルがあることがわかってきて、これはおもしろいなとマスターと話すうちに、マスターも収集に参戦するようになりました。

　当時は古いコーヒーミルに価値を見出している人が少なかったからか、今よりかなり買いやすかったです。私はゆっくり集めるほうですが、マスターのリサーチ力は半端ないので（笑）、マスターが参戦してきてから加速度的にミルが集まりはじめました。現行のものもかなり購入しているので、現在はだいたい220〜230個くらいあると思いますが、普段は電動を使用しているので、もっぱら愛でるだけです（笑）C。

ザッセンハウスに行って周年記念用にオリジナルを作ってもらったミルも飾っています。2009年には赤、2015年には木のもの。どちらもお店で販売していましたC。

栗の木で作られた中西洋人さんのミルはdoisでも取り扱っていました（現在では取り扱いなし）。
ミニチュアのミル、子ども用のミルもみつけると買い集めてきました◯。

壁一面、天井から床までの棚にびっしり入ったコーヒーミル。新旧ありま
す。収まりきらず、棚の前に置いてあるものもあります◎。

パリの蚤の市やドイツのマーケット、オークション、ブラジルで、何気なく買ってきたコーヒー関係のヴィンテージキーホルダーの一部 ⓒ 。

コーヒーグッズ。

　コーヒーミル以外にも、パリの蚤の市やドイツのマーケットやオークション、ブラジルなどでコーヒーにまつわるものをみつけては新旧問わず、かわいいと思うものを購入してきました。気付いたらこんなに集まっていたのは、ヴィンテージのキーホルダー。昔のキーホルダーはつくりも凝っていてかわいいんです。小さいコーヒーミルのキーホルダーなどは特に。

　キーホルダーといえば、ポッカの缶コーヒーに描かれている歴代のおじさんの顔と髪型が微妙に違うって知っていましたか？　それに気付いてから、気になって集めはじめてしまった歴代の顔入りキーホルダーは特にお気に入りです。プロレスやブラジル関連のコラボ缶コーヒーはみつけると買ってしまいます。

　私はこうしたものをみつけては集めていましたが、マスターはどこの喫茶店に行ってもタバコは吸いませんが、マッチをもらってきていた頃がありました。マッチのデザインは眺めているだけでも楽しいですよね。考えてみれば、昔はディモンシュも喫煙可でした。その後、分煙になり、今は禁煙。時代の流れを感じますが、喫茶店にマッチは必須アイテムだった時代があったんですよね。ディモンシュでも大仏の写真入りや、月曜から日曜までをフランス語で入れたものを作り、その曜日ごとにいらしたお客さんにお渡ししていたのですが、なんと定休日の木曜日まで作ってしまい、木曜日だけ配れず大量に余ってしまったという思い出があります ⓒ 。

喫茶店に行ってはお店の
マッチをもらってきてい
た頃のもの。友人にもら
ったものもあります🅣。

ネスカフェの灰皿、なんて
ものもあります🅒。

浅草の道具街でみつけたコーヒーのメ
ジャースプーン。銅製でコーヒー豆が刻
印されているところがとてもかわいい。
これはお店でも販売しております🅒。

メリタが日本の代理店だった頃のドリッパー🅒。

ポッカコーヒーの歴代のおじさんの顔が違うのが
楽しくてこれもみつけては集めていました。私が
持っているのは、初代から10代目まで。素材違い
もあるので奥が深いです。1972年の初代、2代目
の1973年、3代目の1978年、4代目の1982年、5
代目の1987年、6代目の1992年、7代目の1994
年、8代目の1999年、9代目の2001年、10代目の
2004年のものです🅒。

30年という月日のなかで。

オープン当初お店の前に出していた看板（右）は、アーティストの木村直人さんによるイラストが描かれたもの。もう1枚（左）は、その昔、小町通りの角に出していた看板で、フードコーディネーターの根本きこさんによるもの。現在の緑色におじさんが描かれているものは実は3代目。そう考えると30年で3枚って少ないですよね（笑）🅣。

ディモンシュにまつわるあれこれ その1。

30年という月日のなかで変わらず、常に使用し続けているものがあります。例えば看板。皆さんが目にする緑色の2人のおじさんがお茶をしているあの看板は、常連の小松原めぐみさんが描いてくれたもので3代目になります。オープン当初、入り口に出していたものは、アーティストの木村直人さんによるもので白い看板、裏面はフードコーディネーターの根本きこさんによるものでした。きこさんには茶色い看板も描いていただいていました。この2つはだいぶ前に現役を引退し、自宅で大事に保管しています。描かれているメニューを見るとフランス語表記。最初はフランスのカフェを意識していたのがわかります。経年で朽ちた姿に自分たちの30年の重みを感じるのでたまに眺めています。

メニューも、そのときどきで内容は少しずつ変わっていますが、こうして手書きしたものを季節のイメージに合った色紙にプリントする形は昔から変わらず。この色紙は近所の島森書店で長年購入しているもの。一部ですが、保存しています。こうして歴代のメニューを広げて見るとその時代時代の様子が思い浮かんできます。

テーブルと椅子もオープンしたときに作っても

らった木製のものを修理したり、同じデザインのものを買い直したりして使っています。椅子の木が痩せて背もたれがガタついたものはスツールにリメイク。フランスのカフェをイメージして揃えましたが、今もまったく古びず、飽きがこないので、この家具を選んだマスターをほめたいです。

店内は2016年に2週間ぐらいお店を休んで大掛かりな改装をしています。Atelier23の井手しのぶさんにお願いしました。カウンター内の作業スペースが広くなり、収納も増え、格段に動線がスムーズになりました。井手さんは伝えづらい微妙なニュアンスを汲んでくださり、ディモンシュのイメージは変わらず、でも明らかに店内がブラッシュアップして、この改装をやって本当によかったです。かなり昔をご存じの方は店内にチャッピーというグルーヴィジョンズ所属の人間と等身大の人形がいたのを覚えていらっしゃるかと思いますが、チャッピーは今倉庫で休んでいます。いつかまたチャッピーが店頭で皆さんをお迎えすることもあるかもしれないですね。

変化があった30年ですが、ほかにもまったく変わっていないものといえば店名のヴィヴモン ディモンシュとマスターがカウンターに居ることです**C**。

季節に合わせた色紙にプリントされた手書きのメニュー。見返してみると、懐かしいメニューがいろいろありました**C**。

定休日のこと。

　定休日は今までいろいろな変遷がありました。ディモンシュをはじめた頃は、1年目は不定休（ほぼ休みなしで疲れたら休むスタイル）で、2年目からは週休1日。でもたった1日では、事務仕事や買い出しなどをするとあっという間に終わってしまい、自由になる時間はほとんどありませんでした。当時の営業は夜8時までで、金土は夜10時半まで。スタッフはシフト制でした。

　普段はお客さんをお迎えする仕事なので、休みの日はただのんびりすごしたいときもあるし、アウトプットが多いので、外に出てインプットする時間が欲しいという思いも重なっていくなか、体力があるときは、週休1日でもなんとかやりくりをしていました。でも、だんだんとこの定休日スタイルがしんどくなっていき、週休2日にしたいなと思いましたが、そうするのには葛藤がありました。経営的な側

面からいうと、休みが増えるとそのぶん売り上げが落ちるからです。売り上げを減らさずお休みを増やすにはどうしたらいいか。そこを工夫しながら、隔週でまずは週休2日にしていきました。試行錯誤しながら数年、そうして現在は完全週休2日、コロナ禍を経て6時には閉店という形態に落ち着きました。

震災で3店舗あったお店をディモンシュ1店舗にまとめ、すべての業務を目の届く範囲にし、毎日僕ら夫婦がお店に必ずいる。そうしたらおのずと密度が濃くなり、3店舗あった頃より少しずつ売り上げが上がっていきました。加齢とともに体力は減っていきますが、反比例してあらゆることに対応する胆力が増しました。これからも営業スタイルは変わっていくかもしれませんが、そのときどきに合わせフレキシブルに対応していくことが長く続けていくには必要だと思います🅣🅒。

フリーペーパーを作っていました。

1995年、1月。ディモンシュのフリーペーパーが完成しました。編集者の岡本仁さんはお店の常連さんで、よくカウンターに座っては音楽のことや昔の喫茶店で作っていたものの話などをしてくれました。そんな話のなかにフリーペーパーがあり、僕も岡本さんの編集のもと、自分のお店のフリーペーパーを作ることになりました。

自分の好きなものを10個挙げるコーナーや思い出の喫茶店に関するコラム、音楽のことなど、不定期で出していたものです。

このフリーペーパーは、僕にとってカフェ経営の教科書のようなものでした🅣。

今見ても新鮮なディモンシュのフリーペーパー。たまに見返すと、つい読み込んでしまいます🅣。

1998年から2000年の初め頃に使っていた紙のコースター（上）。表面には黄色いカラーにチャッピーがプリントされていて、裏面には98年4月3日〜5月6日に開催された「groovisions pollen」の展示についての告知がプリントがされていました。ちょうどお店の4周年記念に合わせての展示で、4月4日のオープニングパーティーの告知も。この頃は、金曜と土曜は夜10時半まで営業していたんですね〜。そんなことも記されていました🅣。

ディモンシュにまつわるあれこれ その2。

　お店にまつわるあれこれで、皆さんがよく目にするのはコースターやナプキンかもしれません。2000年前後のカフェブームの頃は、裏側が広告のツールのようになったコースターがよくあり、ディモンシュでも登場していました。

　チャッピーがプリントされたこのコースターは持って帰る方も多く、広告としての役割はもちろん、グッズとしてのかわいさとディモンシュに来た記念としての役割も兼ねていました。オープン当初は喫茶店ならではのレースペーパーを使っていたような記憶がうっすら残っていますが、現在は繰り返し使え耐久性もあり、テーブルですべりにくいコルクにコーヒー豆をプリントした、小野英作さんデザインのコースターを使用しています。こちらは欲しいという方が多かったので、以前は販売もしていました。

　紙ナプキンは、開店当時から、つい最近まで長きにわたり使用していたオリジナルがありました。初代の看板にも書かれていた木村直人さんのイラスト

お店のショップカードもいろいろ作りました。今はこれ。スタッフによるものです。季節によってたまに色が変わります**T**。

入り口のマットにもお店の名前。コーヒー色で作ってもらいました**C**。

ピカリ王がプリントされたナプキンと、木村さんからいただいたピカリ王の置き物**T**。

開店当時から注文は同じこの紙に手書きです。月ごとの束に**C**。

を使用したパラパラ漫画ならぬパラパラナプキンです。ある日六つ折りナプキンの上下を逆にするとパラパラと捲れることを発見し、一版で印刷できるということから作りました。これは1回の発注ロットが数万枚なので、これから先の時間を思うと使いきれないと思い、昨年なくなった段階で終了させていただきました。ショップカードも今までにたくさん作ってきました。あまりにたくさんの種類を作ったので、全部とっておいて眺めたら相当楽しかったと

思うのですが、いつも保存用に取っておくのを忘れてしまい、つい最近の分ももう持っていません（笑）。
　注文表の束をお客さんが目にすることはないですが、営業の副産物としてどんどん溜まっていくものです。1ヵ月ごとに束ねるのですが、厚みで忙しさが如実にわかります。これを経理上7年分取っておかなければならないので、もう場所をとって大変です。これこそデータ化すればいいのでしょうけれど、馴染んだやり方は変えられません**TC**。

117

Réseau Organisé à la Vitesse d'Ane

左のロバのイラストがフランス語講座で、右のカカオにブラジルカラーの
服を着た女性がのっているイラストがポルトガル語講座。どちらもかわいい。

フランス語とポルトガル語講座のこと。

お店の営業が終わった後に、フランス語の講座をはじめたのは今から25年前。講師は、フランス語はもちろん、音楽、映画にも精通している、翻訳者、編集者、そしてフランス語講師の小柳帝さん。当時は中目黒のオーガニックカフェとうちとの2拠点で、閉店後から1時間半ほど、楽しくフランス語を学びながらカルチャーも学べるという講座をしていただいてきました。講座名の「ROVA」は、駅前留学で有名なあの外国語教室へのオマージュ。以前から通っている生徒さんは女性が多いせいか、ロバジェンヌと呼ばれたりもして、同年代が多かったこ

ともあってか、東京校、鎌倉校含め、横のつながりが長く続いていると聞いています。

その5年後くらいにはじまったもうひとつの語学講座は、ポルトガル語。フランスにハマったのち、ブラジルに夢中になっていった僕の思いがそのままこの2つの講座にも反映されているわけなんです。講師はブラジル関係の翻訳も手がける荒井めぐみさん。こちらは昔の雑誌を訳してみたりしながら、ブラジル音楽とポルトガル語を学ぶ講座です。

何人もの卒業生を出してきたどちらの講座も、ありがたいことに今なお継続中です🅣。

大変だったこと。

大変だったことはたくさんありすぎます（笑）。友人知人のいない町にやってきて、すでに人気店でスタッフの役まわりが決まっているなかで未経験者の自分がどう立ちまわったらいいのか、迷いながら、ゼロからすべて学んでいかなければならないのが大変でした。

2002年〜10年はマスターがブラジルに注力していて、楽しいこともたくさんありましたが、マスターの課外活動も活発で、店を不在にすることも多く、その結果徐々にお客さんが離れてしまい、このままではまずいという状況にまでなりました。自分たちの給料が出ないことはしょっちゅうでしたし、そんな時期にマスターが入院したことも。店を休むわけにもいかず、店と病院の往復で疲れ果ててしまった私が病室のベッドで眠り、パジャマ姿のマスターが面会用の椅子に座っていて看護師さんに二度見される、なんてこともありました。

鎌倉の地盤、店の構造から大雨が降ると浸水することもしょっちゅう。

震災の翌日、これからどうなっていくのだろうと不安に押しつぶされそうなときにコーヒー豆を挽く機械「みるっこ」が30台入荷してきたときは、山積みの箱を見て呆然としました。しかも、エスプレッソマシンも買い換えたばかりのタイミングでした。不安定な日々が続くなか、スタッフが実家に帰ったりで人数が減ってしまったこともあり、しばらくして2つのお店（doisとclaro）を閉めました。そのとき、お店は開店よりも閉店のほうが作業が大変だということを知りました。記憶に新しいコロナ禍も先がわからず不安でした。

それから人を雇っているすべての店主と分かち合えるスタッフ問題。みんな自分の人生があるので必ず辞めていってしまいます。雇われる側も経験しているのでわかりますが、これはもう永遠に解決しない問題で、自分たちだけでできない規模でやり続けるかぎり、面接して採用して仕事を覚えてもらうをずっと繰り返すのですよね。未熟だったことや、勉強不足、経験不足だったことから、痛い目にあったことも何回もありますが、そのつど乗り越え、遠回りもしながらの30年。何かがあっても、当たり前ですが、必ず次の日はやってきて、また何ごともなかったかのように開店しなければならないので、気持ちの立て直しがめちゃくちゃ早くなりました。最初は大変なところへ来ちゃったなぁと思いましたが、ずっと大変です！　ひとりだったら絶対無理でしたね（笑）ⓒ。

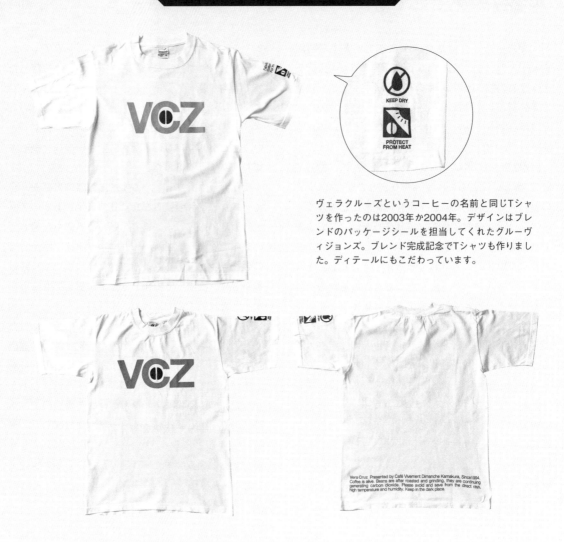

ヴェラクルーズというコーヒーの名前と同じTシャツを作ったのは2003年か2004年。デザインはブレンドのパッケージシールを担当してくれたグルーヴィジョンズ。ブレンド完成記念でTシャツも作りました。ディテールにもこだわっています。

Tシャツ、いろいろ作りました。

　お店をはじめたとき、グッズ好きだったことから、お土産になるものをということと、自分が着たいということもあって、Tシャツは初めから作ろうと思っていました。

　自分でプリントゴッコの布用インクでTシャツを作ったのがはじまりで、結局、30年間作り続けています。たぶん、作らなかった年はないんじゃないかなぁと思います。ここ20年くらいは、パフェの旗もデザインしてくれているデザイナーの小野英作さん

がデザインしてくれたものが多いです。デザインをお願いするときは細かなリクエストは特にしませんが、いつも、おお！と思うデザインが上がってきます。

　お店のTシャツを作るのは、今年も無事、また周年を迎えられたという記念でもあるし、毎年お客さんやスタッフとともにお祝いする、自分の気持ちの節目です。そんなことを言いつつ、全部ちゃんととっているわけではなく、そういう執着とは別の、心で作り続けてきたものでもあります🅣。

（1段目）＊9周年。「LEMBRANÇA DO SENHOR DO BONFIM DA BAHIA」とは、ミサンガに書かれている言葉で、バイーアの聖ボンフィンの贈り物という意味。＊2013年の19周年も小野英作さんデザイン。この頃のTシャツは柔らかい素材のものに凝っていました。（2段目）＊ポルトガル語で乾杯を表す文字とビール。発泡プリント。＊5周年、ミンホアンデザイン。（3段目）＊10周年記念は色もいろいろ作りました。デザインは小野英作さん。（4段目）＊16周年記念、デザイン小野英作さん。＊2019年、小野英作さんデザイン。ピンク色もありました。＊2012年、小野英作さんデザイン。

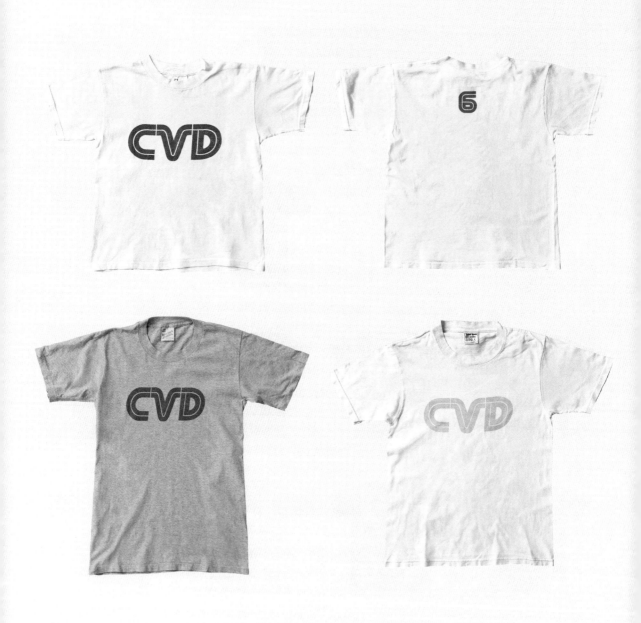

6周年記念。CNNのロゴのような。

（1段目）＊長場雄さんイラストの、マスターズドリップ。2017年。＊13周年にブラジルでお店の名前を刺繍してもらったもの。2007年。＊「ヘニング・シュミート」のライブのときに作られていたグッズを手がけていた三宅瑠人さんのイラスト。2018年。＊雑誌『＆Premium』でディモンシュのフリーペーパーを復刻してくれたときのご縁で長場雄さんに描いていただいたもの。25周年記念に。（2段目）＊「喫茶魂」Tシャツ。2000年代の初め頃。小野英作さんデザイン。＊ナラ・レオンの本を出した2010年に記念として作ったもの。グルーヴィジョンズデザイン。＊15周年アニバーサリー。2009年。コーヒーを淹れるマスターの横顔。（3段目）＊2009年、小野英作さんデザイン。＊2014年、ヒックスヴィルとディモンシュのW20周年のお祝いに。＊ナラ・レオンのアルバム「五月の風」のジャケットをモチーフにしたナラの横顔。グルーヴィジョンズデザイン。2010年。（4段目）＊文字の中にコーヒー豆がデザインされています。スタッフデザイン。2006年くらい。

28TH
ANNIVERSARY
café
vivement
dimanche

COLOMBIA
café
vivement
dimanche

ETHIOPIA
café
vivement
dimanche

COSTA RICA
café
vivement
dimanche

ビームス レコーズとコラボした28周年記念Tシャツ。デザインは小野英作さん。

（1段目）＊平間至さんの猫みーちゃんを左袖に、右袖にはうちの犬ミサワのイラストをプリントした「I♡PET」Tシャツ。イラストは堀内千佳。（2段目）＊2017年、テキストは岡本仁さん考案。＊2017年、小野英作さんデザイン。＊渋谷玲子さんイラストのゴーフル。2016年。（3段目）＊自分で作った初めてのTシャツ。表面には「Jamais le dimanche」を、裏面にはブリジット バルドーの歌のタイトル「tu veux tu ou veux pas」をプリントしました。＊4周年記念。パリの格安店「TATI」をオマージュ。ミンホアンデザイン。（4段目）＊東日本大震災の年、福島のplaytime cafeと作ったもの。＊レコード＆CDショップ「claro」がオープンしたときの記念Tシャツ。2009年。

2000年代前半。Master長袖T、
袖には僕の顔をプリント。グル
ーヴィジョンズデザイン。

（1段目）＊実物大のミサワをプリント。写真は堀内千佳。デザインは小野英作さん。2009年。初の七分袖。＊これはTシャツとトレーナーバージョンがありました。小野英作さんデザイン。＊セブンユニフォームの業務用Tシャツで作った七分袖。バックにだけCOFFEEの文字というシンプルなもの。（2段目）＊2010年銀色の糸でコーヒー豆を刺繍したポロシャツ。＊京都のモリカゲシャツとのコラボ。コーヒー豆を送って型をとって作ってもらった、コーヒー豆形ボタンのシャンブレーシャツ。＊2000年代の前半〜半ばに作った同じく京都のモリカゲシャツのコーヒー豆形ボタンの白シャツと、ネルドリップ用のネルで作ってもらったシャツ。（3段目）＊新日本プロレスっぽいラグランの七分袖。2010年。イラストは堀内千佳、デザインは小野英作さん。＊ジップの持ち手部分をコーヒー豆の形で作ったパーカー。＊ディモンシュの頭文字Dが印象的なかなり初期のオリジナルもの。山田乃さんデザイン。（4段目）＊プレーンな濃いグレーのトレーナーに銀色の糸でコーヒー豆を刺繍。並河聖子さんデザイン。＊これもかなり初期のもの。山田乃さんデザインのウィンドブレーカー。

2010年に作ったものを10年後に紺色とグレーで復刻。イラストは堀内千佳、デザインは小野英作さん。

（1段目）＊「ONZE」とはポルトガル語で"11"。その名の通り11周年の2005年に。＊コーヒー1杯プラスアルファの代金を支払うことでお金のない人たちにもコーヒーをという、イタリア映画のタイトルから。2017年。（2段目）＊2010年、小野英作さんデザイン。いつもとちょっと違った感じ。＊ディモンシュオリジナルドリッパーセット発売記念に作った長袖。「dois」をオープンした2004年に製作。グルーヴィジョンズデザイン。コーヒーの淹れ方がプリントされています。（3段目）＊ネオン管風のdimancheの文字がいい感じ。小野英作さんデザイン、29周年。（4段目）＊スタッフが描いた僕。2023年。＊小野英作さんデザインのブラジルTシャツ。＊12周年記念、デザイン小野英作さん。

Tシャツの袖にもプリントした僕の顔とMasterの文字の両面プリント。グルーヴィジョンズのいい顔シリーズのひとつでデザインしていただいたもの。

左／今やすっかりおなじみになりました、コーヒーを淹れる僕がプリントされたマグは少し大きめ。裏面には「COFFEE MAN」の文字。右／鎌倉といえばの、大仏も。

マグカップ。

　マグカップを作りはじめたのは2002年。「dois」というコーヒー豆とコーヒー器具、ブラジル雑貨のお店をやっていたこともあり、オリジナルのコーヒー周りのグッズも少しずつ増えていきました。USAというアメリカンサイズのマグを、お店でアメリカンを出すのに使っていたときは、お客さんからのリクエストもあって同じものを販売もしていました。現行である小ぶりなサイズのものは、フルで入れると175ml、八分目で150mlという程よいサイズのロングセラー。イラストがいろいろあり、シリーズで集めてくれている方もいらっしゃいます。

　来るたびに何かしら新しいものがあって、いつまでも追いつけないとお客さんに言っていただけたときはうれしかったです。いつまでも、そんなワクワクした発見があるお店であり続けたいなと思った出来事でした🅣。

（1段目）＊コーヒーを淹れる宇宙飛行士。＊この本をデザインしてくれたデザイナーで、かつてはロバジェンヌだった川畑あずささんが描いてくれたミサワをプリント。（2段目）ブラジルのミュージシャン、ドミンギーニョスの選曲を担当したCDが発売した記念に、本人の顔をプリント。＊選曲を担当した「COFFEE&MUSIC」のCD発売の記念に。音符がコーヒー豆です。

（1段目）＊看板にもなっているおじさんマグ。イラストは小松原めぐみさん。＊堀内千佳のイラストのミサワマグ。＊ナラ・レオンが好きで作ったカップ。（2段目）＊定番で、人気の「I ♡COFFEE」。裏側は割れたハートマークでコーヒーが苦手な人にも。＊Tシャツにも同じイラストあり。＊ENJOY COFFEEマグ。イラストは堀内千佳。＊マスターとおじさんマグ。さもゆりこさんのイラスト。

★は現行で販売しているマグです。

Coffee & Goods。

お店やウェブショップで販売しているコーヒーにまつわるグッズは、
人気のタカヒロドリップポットやディモンシュオリジナルドリッパー
セット、カフェオレベース、コーヒーミル、コーヒー缶など、主に日々
のコーヒータイムに活用していただけるものが多いです🅒。

左／オリジナルカフェオレベース。牛乳や豆乳でわってもいいですし、
お湯や水でわってもおいしいです。バニラアイスクリームにかけたり、
凍らせてかき氷にして楽しんだりしても。ボトルの文字は手書きです。
ブレンドごとに楽しんでくださる方も多い人気もの。プレゼント用に
は手書きで一言も入れられます。右／ブラジルのレコードレーベル「エ
レンコ」のデザインを意識して作ったミニカフェオレベース。インド、
コスタリカ、エチオピアの3種。デザイン小野英作さん。2012年。

ディモンシュオリジナルドリッパーセット。KONO式のセットが箱も含めてオリジナルの
セットに。箱のデザインはグルーヴィジョンズ。持ち手はランドスケーププロダクツ製。
ペーパー40枚付き。木の持ち手のサーバーは、このセットが一番最初でした！

タカヒロドリップポット。マットな黒を施してもらったディモンシュ特注のスペシャルなポット。大きさは0.5ℓと0.9ℓがありますが、0.5ℓは欠品中。僕が愛用しているのは、0.9ℓのほう。右はユキワのポット。

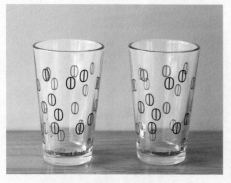

コーヒー豆が全面にプリントされた、かつてお店で販売していたグラス。今は家にこの2つだけが記念で残っております。

かつて使っていた角砂糖。販売もしていましたが、今は製造先の関係で同じものが作れないため、違うものを使用しています。コーヒーのソーサーに毎回2個ずつ添えてお出ししていました。どんな組み合わせでくるのかを楽しみにしてくださった方が多かったです。実は僕もときどき、人に合わせて言葉を選んだりしていたんですよ。

コーヒーミル、みるっこ。ディモンシュオリジナルは家に置いても違和感のないやさしいミルクティー色。プジョーのヴィンテージのコーヒーミルから着想しました。

左から、シンプルなデザインのロングセラーコーヒー缶。文字が少し小さめな左が新デザイン。少し大きめな右が旧デザイン。大小あります。オリジナルステンレスボトル。マイボトルを持っている人が多い昨今。細めでバッグの中でも邪魔にならない使える1本を、小野英作さんにデザインしてもらいました。300㎖入ります。こちらは昔作ったコーヒー缶。珈琲の文字が渋いデザインは、砂井由美さんによるもの。

2023年に作ったオリジナルのエコバッグ。男子が持ってもいい感じに作りました。大小、あります。

バッグ＆ More。

最近作った黒に白抜きの文字で「coffee」と入ったエコバッグは自分が持ちたかったものを形にしたものです。男性が持つバッグというと、なかなかちょうどいいものがみつからないですし、ましてやエコバッグとなるとなおさらだったので、それならばジムなどにも行けるバッグを作ろうと思い、制作しました。この時期には新商品を投入するなどの決まりは特になく、お客さんからのリクエストや、お土産にいいのではとか、自分たちが欲しいと思うものをそのときどきで作っています。気にするのはディモンシュらしいかどうかです。お客さんが楽しんでくださるとうれしいですね🅣。

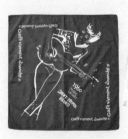

森本美由紀さんとのコラボハンカチ（左）。コーヒー豆柄のタオル、2010年（右）。小野英作さんデザイン。2007年には同じくコーヒー豆柄の手ぬぐいも作りました。

＊（左上から）ヴェラクルーズというコーヒーを出したときに作ったエコバッグ。グルーヴィジョンズのデザイン。＊20周年の記念トートバッグはデニム製。＊COFFEE MAN ミニトート。＊「DRIP FOR SMILE」とプリントされたこちらは、同名のCDが発売されたとき、オンワード樫山の「23区オム」とのコラボで作られたもの。

ブラジルのカポエイラシューズ。小さく入ったブラジルの国旗がかわいい。「dois」で販売していた人気ものでした。

ディモンシュのコーヒー豆で型をとったコーヒー豆のアクセサリー。シルバー製。

コーヒー豆のキーホルダー。携帯ストラップとして作りました。

さもゆりこさんによるイラストの、ステッカー。似ていると評判です。

x

コラボレーションしてきたもの。

ありがたいことに、さまざまなお店や会社とコラボレーションさせていただいてきました。今も毎年続いているものもあり、あらためて人のつながりに感謝しています。そんな一部をご紹介します🅣。

「ビームス レコーズ」とコラボレーションしたのは、エチオピア、コスタリカ、コロンビアをイメージしたデザインのキッチンクロスと、同デザインのドリップバッグ、それにTシャツ。28周年に。

「アフタヌーンティー・ベイカリー」とコラボレーションした、ディモンシュのコーヒーを使用したパン。2023年は、コーヒーナッツブレッド、コーヒー＆ラムレーズンのスコーン、コーヒーチョコメロンパンに、コーヒーシナモンロールを加えた4種、全国16店舗で販売されました。

「TORCH」のマウンテンドリッパーセットは、みるっこと同じ色のミルクティー色の陶器の部分がディモンシュオリジナル。さまざまなペーパーに対応可能なドリッパーです。

「十布（TENP）」とのコラボレーションで生まれたコーヒー豆柄Wガーゼハンカチ。イラストレーターの福田利之さんのイラストをテキスタイル化したもので、使うほどに柔らかさが増してきます。同じく25周年記念に今治タオルのブランド「伊織」とコラボした、長場雄さんイラストのハンドタオル。柔らかくてふんわり。

鎌倉の「ロミ・ユニ コンフィチュール」とのHappy Holidays Box。12月25日から1月3日まで毎日違ったコーヒーのドリップバッグとロミ・ユニの焼き菓子が味わえるセット。2022年から発売しました。

「23区オム」とのコラボレーションのときにノベルティとして作った7インチレコード「DRIP FOR SMILE」とコースター。

オンワード樫山「23区オム」とコラボレーションしたセーター。コーヒー豆からドリップされたコーヒーがカップに落ちるところまでが編み込まれたコーヒー色のセーター。今も大切に着ているもの。（著者私物。現在は販売しておりません。）

サンスター文具の「街のかわいいお店屋さん」というシリーズで作ってもらったもの。クリアファイル、レターセット、ボールペンのほか、マスキングテープやメモパッド、キーホルダー、巾着袋もありました。

ある日のディモンシュ〜編集部編。

2023年、とある冬の日。マスター堀内さんと千佳さんとスタッフの皆さんが、1日、どんなふうにお客さんを迎えているのかなと思い、密着させてもらいました。

朝、9時過ぎ、スタッフの皆さんが出勤。仕込みや掃除、買い出しに行く人などに分かれ、それぞれが黙々と開店準備にかかります。10時過ぎ、朝方まで焙煎をしていたマスターと千佳さんが駆けつけ、コーヒーを淹れる準備をしながら、褌の紐をしめるがごとく、エプロンの紐をキュッとしめ、音楽をかけるとオープンの合図。

お店の前には開店前から並んでいたお客さんの長い列が。ドアを開け、お客さんが入ってくると、お店が一気に命を吹き込まれたように動き出す感じがしました。そこからのマスターと千佳さんは舞台での演者のよう。流れるように生き生きと動き、次々に入る注文を作っては出し、また作るを繰り返していきます。その合間に「お久しぶりですね、お元気でしたか?」といった常連さんたちとの会話もちらほら。修学旅行生たちに交じって「どこから来たの?」と話しかけるなど全方位的な動きに、見ているこちらのほうが目がまわりそうでした。

お客さんがいなくなる時間というのが昔は結構あったと、マスター。でも今はほぼその時間がないそう。この日も、閉店の夕方6時まで常に満席。あっぱれな1日でした⑭。

（左上から）＊お店の大家さんとマスターのお母さん、元スタッフの牧山さんの3人が偶然お茶にやってきました。＊毎週金曜日に花を飾りに来てくれるフラワーアーティストのCHAJINと奥様ののりこさん、そして「DAILY by LONG TRACK FOODS」の馬詰さんと神八さん。＊鎌倉でマッサージサロンを主宰している美穂子さんとタイパンツ作家の小鳥さん。よくここで待ち合わせしてお茶するんだそうです。＊カウンターから店内を見守るマスター。＊それぞれに注文したものが並ぶと華やか〜。＊江の島のスパで熱波を担当しているプロレス好きの桃子さん。＊混んでいるときは知り合い同士、偶然出会ったら楽しく相席も。ご近所のワインバー「TRES」の田沼さんご夫妻、大阪からマスターと千佳さんに会いにやってきた元鎌倉住人の勇二くん。常連の井野さん。＊通いはじめて20年以上。元気で末長く続けて欲しいし、近所にこんなおいしいコーヒーが飲めるカフェがあることがありがたいという小川豊伸さんと葉子さんご夫妻。＊30年来の常連さんで、今も週に1〜2回は顔出すというご近所の歯医者さん、山本先生。いろいろなところで豆を買ってきたけれど、やっぱりここが一番！だそう。＊常連の小林さんは、茅ヶ崎のワインバー「カプリャ」のオーナー。

（左上から）＊千佳さんが就職活動のときに面接してもらった元上司の武田さんとご友人。こうして顔を出してくれるのが本当にうれしい！と千佳さん。＊途切れることのない行列。ローカルの人たちはこの列がないときは行く予定がなくても、お！と思ってつい入ってしまうんだそうです（笑）。＊近所で薬剤師として働く金林さんご夫妻。平日、待ち合わせしてランチしに来ることも多いとか。＊ディモンシュではよく見かける男子ひとりパフェシーン。今日はニノさん発見。癒されます。＊マスターの似顔絵が好評のステッカー。お守りのようにしているお客さんが！＊たまたま友人に連れてきてもらってから15年以上。そのときからマスターの淹れるコーヒーのファンという冨士元雅大さん、裕記さんご夫妻。旦那さんは実は紅茶派でしたが、マスターのコーヒーを飲んで以来、コーヒー派になったんだそう。＊赤ちゃんの頃から通っているバナナといちごりんごのワッフルが好きなあおばちゃん5歳（右）とお友達のあやちゃん（左）。あおばちゃんのママ、ミサワさんは学生時代から通っている20年来の常連さん。昨日も来たけど、今日も来たのだそうです。＊てきぱきとした動きのスタッフの風優ちゃん。＊アイスクリームにミサワクッキーをのせたカスタムオーダー。これ、今度やってみよう。＊プリマヴェーラと誰でもウェルカムなディモンシュが大好き！という、逗子の「サクラヤマパーラー」の店主、前田朱子さん。

（左上から）＊次々入る注文も丁寧に1杯ずつ。＊スタッフの対応にいつも癒されるというコーヒー好きな書間並子さん。＊仕事終わりにほっこりしに来たという山口雅貴子さん。働いた分、ここでとにかくコーヒーを飲んだり、いろいろ買うのが楽しみなんだそう。＊28周年のときにビームス レコーズとのコラボTシャツを作ってもらったボブさんと奥様のいつさん。ただのファンだったのに、今はこうして知り合え、とてもうれしいです。健康で、体が動く限り頑張って欲しい、とボブさん。次なるプロジェクトとして作ったマスターステッカーも人気です。＊ディモンシュのコーヒー豆を使ったコーヒーが飲める鎌倉の糀カフェ「sawvi」の店主、寺坂寛志さん。ヒロシさんなんだけど、みんなにコウジと呼ばれている寺坂さんはここでごはんを食べるのが好きなんだそうです。コーヒー豆を手に、うれしそう。＊いつまでも帰りたくない小さなお客さん。＊鎌倉の花屋さん「CHIC」の大松和子さんと同じく鎌倉の食堂「sahan」の高階美佳子さん。高階さんは大学時代から通って20年。そのとき、マスターにチェキで写真を撮ってもらった思い出も。今思うと、ずうずうしくて恐ろしい（笑）と高階さん。ここに来てコーヒーを飲むと、自分も鎌倉にお店をオープンできてよかったなといつも思います、と大松さん。＊今日もお疲れ様でした。また明日！＊静まり返った店内でメールチェックするマスター。

いつかはふたりで。

　ディモンシュをオープンしたのは今から30年前の1994年、僕が26歳のときでした。母と二人三脚で約5年。その後、結婚して母から千佳ちゃんへとバトンが渡されてから25年。その間2002年から2011年にはブラジル雑貨のお店「dois」を、2004年から2011年にはブラジル音楽のお店「claro」をオープンし、なんとか切り盛りしてきました。

　東日本大震災を機に、その2店舗を閉め、ディモンシュに集約して10年以上。店舗を増やし、店舗を減らし、気付いたのは、自分の目の届く範囲でやるというのが一番ストレスがないということです。2店舗も閉店すると、もうあそこはダメなんじゃないかなど、ネガティブなイメージがついてしまうようで、それは避けたかったのですが、これを機に必ずディモンシュの店頭に立つようにし、毎日コーヒーを淹れて丁寧に接客をするを繰り返してきたら、3店舗あったときよりも今が一番忙しく、目指してきた労働環境が整いつつあります。年齢と忙しさが反比例しているので、もっと若いうちに気付いていたらと思うのですが、たらればはやめようと夫婦で笑い合っています。体力気力を考えると、今までと同じようなペースでは今後も続けてはいけないので、年齢を重ねるとともに、柔軟にやり方を変えていきたいです。

　あとディモンシュというと僕がはじめたのもあって、僕ひとりのお店だと思われていることもありますが、妻である千佳ちゃんなしではここまで続けてこれませんでした。僕はルックミーおじさんで子どもの頃から目立ちたいのですが、千佳ちゃんは僕とは正反対の性格なので全然しゃしゃりでません。しかしディモンシュのめんどくさいことはほぼすべて担ってくれ、周りからの信頼が厚い縁の下の力持ち。SNSのおもしろい文章はほとんど千佳ちゃんが書いていたりします。僕の一番の理解者でもあります。いつもいいとこどりをさせてもらってありがとう、ごめんね。なかなか公に感謝を伝える機会がないので。これからも一緒に頑張っていきましょう。

　皆さん、これからもディモンシュをよろしくお願いいたします。マスター業が大好きです🅣。

ここへ嫁いで25年、人生で予想もしなかったカフェの仕事をすることになりました。なんとかここまでたどり着けたのは変わらずいらしてくれるお客さんといつも助けてくれるスタッフ、家族、何かあったら話を聞いてくれる友人、関わってくださるすべての方々のおかげです。ディモンシュでの日々はジェットコースターのように浮き沈みが激しく、単調どころか、何もないなんてことが珍しいくらい毎週何かしらあります。初めはやりたかった仕事ではないので、やらされている、やってあげているという意識でしたが、マスターの真摯な仕事ぶりを毎日見ていたら、いつからか自分のなかで何かが変わり、どうしたらもっといいお店にできるだろうと考え、工夫し、自分でも動くようになりました。大変なのは変わらないですが、とても楽しくなりました。マスター、おもしろい場所に引きずりこんでくれてありがとう。こんなに喜怒哀楽をまんべんなく味わえる環境はなかなかないのではと思います。

　30周年はひとつの節目。先のことはわかりませんが、今後もやり方は変わっても来てくださった方がいい時間をすごせるように夫婦で努めて参りたいと思います。これからもユーモアを忘れず。ディモンシュをよろしくお願いいたします◎。

カフェ ヴィヴモン ディモンシュ
堀内隆志、堀内千佳

143

カフェ ヴィヴモン ディモンシュ

堀内隆志

「カフェ ヴィヴモン ディモンシュ」マスター。
1994年にカフェを開き、2009年からは自ら
焙煎も手掛ける。ブラジル音楽のCDプロデュ
ースや選曲、FMヨコハマや湘南ビーチFMで
レギュラーをもつなど、音楽にも造詣が深い。

堀内千佳

「カフェ ヴィヴモン ディモンシュ」キッチン
部のリーダー。毎日行列が絶えない同店のお
いしいフードの数々を生み出し、マスターを
陰で支えている。新たに家族に加わった愛し
の「つるちゃん」とともに。

dimanche web
https://dimanche.shop-pro.jp/
Instagram
https://www.instagram.com/cvdimanche/

鎌倉のカフェ
ヴィヴモン ディモンシュの30年
2024年6月4日　初版発行

編／カフェ ヴィヴモン ディモンシュ
発行者／山下 直久
発　行／株式会社KADOKAWA
〒102-8177　東京都千代田区富士見2-13-3
電　話　0570-002-301 (ナビダイヤル)
印刷所／TOPPAN株式会社
製本所／TOPPAN株式会社